誕生日を知らない女の子

虐待——その後の子どもたち

黒川祥子

集英社文庫

誕生日を知らない女の子　虐待——その後の子どもたち

目次

誕生日を知らない女の子

虐待――その後の子どもたち

本文デザイン　鈴木成一デザイン室
イラストレーション　辻恵

はじめに

彼女はなぜ、娘の臓器写真を平然と直視できたのだろう。

ＪＲ岐阜駅から大府《おおぶ》駅へと向かう東海道本線の新快速電車に揺られながら、私の脳裏には二〇一〇年五月十二日に京都地裁一〇一号法廷で目撃したワンシーンが、繰り返し立ち現れた。

法廷のモニターに映し出された写真が、生後八か月で亡くなった四女の肺内血管の組織細胞であることを、当然、彼女はわかっていた。

亡くなったわが子の臓器の一部を、動揺も混乱もなく見つめることは、私にはたぶんできない。だからなのかあの時、私は何一つ変化の見られない彼女の表情から目が離せなかった。

彼女は京都大学医学部附属病院のＩＣＵ（集中治療室）で二〇〇八年十二月、入院中の五女の点滴に腐敗水を混入したとして逮捕された。スカートのポケットから水が入った注射筒が確認され、現行犯逮捕となったのだ。死の淵《ふち》から救出された五女は、まだ一歳十か月だった。そして逮捕後、彼女が産んだ娘のうち、二女が三歳九か月、三女が二歳二か月、四女が八か月で病死していたことが判明。当然、捜査対象とされた。

法廷では、亡くなった子どもの中で唯一、病理解剖の記録が残る四女に対する審理が行われていた。

黒のジャケットに白いシャツ、黒のタイトスカートから伸びる脚には黒のストッキングと、黒を基調とした装いに身を包んだ彼女は、傍聴席から見る限り、どっしりと落ち着いて見えた。中肉中背でどちらかといえば地味な顔立ち、髪を一つに束ね、真面目《まじめ》そうな印象を受ける。時折、上目遣いにちらりと傍聴席を見るのだが、その視線は一瞬、「こわい!」と感じるほどに鋭かった。

犯行は二女から始まった。卵の白身や血液を入れるという「尿の細工」にとどまらず、点滴に水を混入、二女は二〇〇一年八月に死亡。それから二〇〇八年十二月に逮捕されるまでの七年余りの間に、彼女は三女、四女、五女を妊娠・出産し、五女以外は順番に死亡した。

彼女、高木香織《たかぎかおり》(受刑者、逮捕当時三十五歳)の鼻に抜ける、甘ったるい声が法廷に響く。

「先生(医師)が気になる子、目をかけなければいけない特別な子の母親に見られたかった。あたし自身、常にいい母でありたいと思っていましたし、子どもと時を重ねることに自分の価値があると思っていました。熱心に看病する母であると評価してもらえることに、非常な満足感と安定感を感じていました」

　このような理由で子どもの点滴に水を入れ、容体を悪化させた。入院生活を長引かせること――、これが犯行動機だ。病院は香織にとって心地いい場所だったから。

　検察官の動機にまつわる執拗《しつよう》な問いに、香織はこう答えた。

「子どもと二人だけで二十四時間いられるというのは、日常を離れて子どもと濃密な時間を過ごすこと。すべてをあたしに委《ゆだ》ねている子どもは、あたしの一部。小さな子どもと密接にいられるのはとても心地いい。入院することによって常に、先生や看護師さんの目が向けられ、（わが子を）特別な患者として気にかけてくださり、私も看病する母として特別な存在となって、言葉をかけてもらえることに居心地の良さを感じていました」

「代理ミュンヒハウゼン症候群」（ＭＳＢＰ：Münchhausen Syndrome by Proxy）と括《くく》られる人たちに、共通に見られる特徴だった。

　高木香織の裁判は、日本で初めて「代理ミュンヒハウゼン症候群」が問題とされた刑事裁判だった。この奇妙な名前の「症候群」は、親が子どもを病人に仕立て、不必要な検査や治療をさせる症例のことを指す。

「ミュンヒハウゼン」とは、〝ほら吹き男爵〟の異名を持つ、実在したドイツの地方貴族の名前で、自分で虚偽の症状や病歴をねつ造して診察に訪れては治療や検査を要求する人々に、この名前にちなんだ「ミュンヒハウゼン症候群」という疾患名が付けられた。一方で、自分ではなく他の人を〝代理〟に病気にさせて自分に周囲の関心を引き寄せようとする症例がある。これが「代理ミュンヒハウゼン症候群」と名付けられたのだが、この場合、実母が子どもを〝病気〟にするケースが多いという。

代理ミュンヒハウゼン症候群は、虐待の一種と考えられている。それは身体的虐待やネグレクト（子どもに対する適切な養育を親が放棄すること）に比べ発生件数は少ないものの、生命への危険度が高い虐待とされる。と同時に、母親の「精神的な病気」とも解されるややこしさを併せ持つ。即《すなわ》ち、母親に何らかの精神的病理があるゆえに、子どもをわざわざ病気にしてしまうという「症状」が出て、その「病理」を指す言葉が「代理ミュンヒハウゼン症候群」であるという捉《とら》え方だ。

こんな奇怪な母親が存在するだけでも信じ難いのに、香織は悪びれることなく法廷で自分の〝理《ことわり》〟を語った。

「子どもの成長に、母としての喜びは感じています。長女にも親ばかと思えるほど、愛情をかけてきました」

「子どもが苦しい時には何かしてあげたいと思い、震えていれば身体《からだ》をさすってラクになるように、熱が高い時は氷で冷やして熱が下がってほしいと必死に願っていました」

自分が行ったことと自己認識との、あり得ないほどの乖離《かいり》。香織は検察官の厳しい追及にも堂々と自分のことを、「いい母」「子どもに愛情を注ぐ母」であると述べた。

「よい母を演じているというより、当時も今も、本心からいい母親でありたいと思っています」

わが子をその手で死に追いやった事実を、深刻なことだとは全く思っていないようだった。自分が何をしたのか、香織は本当にわかっているのだろうか。その鋭い眼光の奥には一体、何があるのだろう。


裁判を傍聴してから二か月後の二〇一〇年七月、私は香織が暮らしていた街を訪ねた後に、JR岐阜駅から大府駅へと向かった。とにかく、この不可解な母親の正体を知りたかった。目指すは「あいち小児保健医療総合センター」（あいち小児）。児童虐待に詳しい、児童精神科医の杉山登志郎《すぎやまとしろう》心療科部長（現・浜松医科大学特任教授）に会うためだった。

今にして思えば、これが私にとって、子どもへの虐待を巡る〝旅〟の始まりとなった。

私自身、シングルで二人の息子を育ててきた。産後の混乱や孤独な育児もママ友トラブルも、一応は経験済み。そんな中で家庭内殺人など主に家族関係の問題をテーマとして取材を続けてきたのだが、それには、目に見える虐待こそ受けなかったものの実母との関係性において、生きにくさを抱えて成長したことに原因があるのかもしれない。家族という小さな世界で育《はぐく》まれる「病理」を見過ごしたくなかった。ゆえに長年、児童虐待は関心テーマの一つであり、ある意味、守備範囲のようにも思っていた。「わかっている」と思っていた。

三階までの吹き抜けのロビーが開放的で、かわいらしい木の人形やパペットが配された、巨大なおもちゃの家のような病院だった。

丘の上に位置し、日当たりがよく明るい雰囲気に満ちていた。足を踏み入れた時から、「子ども」を主人公に据えた病院作りがなされていることを肌で感じた。待合室のモニターには、アニメで描かれた担当医師が笑顔で手を振っている。

あいち小児は二〇〇一年に開設された、愛知県が運営する小児専門の総合病院だ。

三階にある、杉山医師の部屋に通された。

杉山医師は児童青年期精神医学が専門で、研究テーマは発達障害臨床と子ども虐待臨床。これまで数多くの被虐待児を治療してきた、ベテランの医師だった。

穏やかな人柄の杉山医師は、あいち小児で扱った「代理ミュンヒハウゼン症候群」のケースを淡々と説明してくれた。

五歳で入院したある女児は、幼い頃からてんかんの発作でたびたび救急搬送され、いろいろな病院での入退院を繰り返してきたという。

「そうしたことが何回も続いたけれども、検査をしても脳波の異常はなく、入院中は一度も発作がない。それまでに、この子は歩行ができないということで、身体障害者手帳三級も取っていた。母親が『口から物が食べられない』とも言うので、鼻から胃に入れたチューブで栄養を摂《と》っていたし、甲状腺《こうじょうせん》も悪いといって薬も飲んでいた。そこで入院先の病院でMSBPが疑われ、虐待通告されました」

児童相談所（児相）で弁護士を交えて検討会を行った結果、一時保護が決まり、保育園に通園したところを職権で保護されて、児相職員に連れられ、あいち小児に入院となった。

「この子は突然連れてこられたんだけど、取り乱すこともなく素直に指示に従う子だった。食事をさせたら何の問題もなく口からむしゃむしゃ食べるから、その時からチューブは抜いたし、すたすた歩いて歩行にも問題はなかった」

入院後、母親が訴えていた女児の異常はすべて否定された。てんかんも甲状腺異常も、そして身体障害者手帳も女児には不必要なものだった。すべて母親によるねつ造だったのだ。

「このお母さんは、その子のためのブログもやっていました。子育て日記で、私はこんなにがんばってこの子を育てていますよって」

高木香織も同じだった。育児ブログで「ヘリコプターで京大病院に搬送されて……、ICUに入って……、早くよくなりますように……」と書く一方、点滴ラインに腐った水やスポーツドリンクを入れていた。五女は母親の面会の後にその容体が悪化するということが続き、病院は警察に通報していた。つまり、警察官の監視下にあったからこその逮捕劇だった。

頭がクラクラしてきた。

「なぜ、母親が自分の子どもにこのようなことができるのですか？　なぜですか？」

なぜ、なぜ、なぜ……。口をついて出るのはそれしかない。お粗末な取材者に医師は唸《うな》る。

「マスコミは、すぐに因果律で考えるからなー」

そして、きっぱりとこう言った。

「こういう親が、現にいるわけです。説明できないマイナスの部分にわれわれは直面していくしかない。言葉で説明できないけれども、こういう親がいる。そこからスタートしないと。虐待は何よりも、子どもの側から見るべきものです。子どもを含めた虐待全体の中で考えていかないといけない」

確かに、私がこれまで固執してきたのは、ほとんどが親の側の「因果」だったのではないか。一体どれほど、子どもの側に立って虐待を見ていたのだろう。

そういう視点で見ると、高木香織の事件も、MSBPを免罪符にしてはならないことに初めて気づく。高熱に苦しみ、下血し、嘔吐《おうと》の果てに亡くなっていった子どもたち、生まれてから大半をベッドの上で過ごし、子どもらしい楽しみを経験できなかった子どもたちの側に立って、子どもたちの視点で事件を見ていかないといけないのだ。

高木香織という母親が「どこから」生まれたのかは検証されるべきことだろうが、加害者の奇怪さばかりにこだわることは、虐待の全体像から遠ざかるのではないか。

裁判所は、香織の犯行を認定したうえで、「代理ミュンヒハウゼン症候群であったことは、量刑上有利な事情として斟酌《しんしゃく》し得《う》る」と、求刑十五年に対して判決を懲役十年とし、香織は控訴せずに服役した。裁判では香織が「MSBPであった」ことが量刑を左右することとなったが、横浜市立大学の南部《なんぶ》さおり助教は著書『代理ミュンヒハウゼン症候群』で、「MSBPは児童虐待の一種であり、親の精神状態を指す言葉ではない」、つまり、MSBPは明確な犯罪行為であり、親の情状酌量になる要因ではないと指摘している。

でも「全体の中で考えて」と言われても、何をどう見ていけばいいのだろう。虐待についていて「わかっている」という自負は思い込みだと知った今、途方にくれるような思いだった。

「ちょっと、病棟を見ますか？」

杉山医師の顔に笑みが浮かび、おもむろに立ち上がる。ちょっとほっとして後に続く。向かったのは心療科の「32病棟」だ。主に虐待を受けた子どもが入院し、専門的な治療を受けている場所だった。

病棟の入り口で杉山医師は、首に下げたIDカードをインターホンにタッチした。解錠音のようなものがした後、扉が開く。一瞬、違和感を抱《いだ》いたが、それが何を意味するのかわからないまま病棟に入る。

扉の内側は、明るく気持ちのいい空間だった。自然をモチーフにした柔らかなタッチの絵が壁に描かれ、あたたかい雰囲気を醸している。中央には吹き抜けがあり、ブルーやオレンジ、ピンクなど鮮やかな色彩が廊下や病室周りのアクセントに使われていた。

壁の向こうには、四人がけのテーブルがいくつか並ぶ広間のような場所があった。小学校低学年の子どもたちが陣取り、おやつを食べながら真剣な表情でビデオを観《み》ている。

杉山医師はさらに奥にある扉へと進み、再びIDカードをタッチしてその扉を開けた。そこでは小学校三、四年生ぐらいの男の子が女性看護師と何かを話していた。ちょっと拗《す》ねているような男の子に、杉山医師が「どうした」と笑って声をかける。

病院なのに点滴もパジャマ姿も、付き添いの親の姿もない。子どもたちは洋服を着て上履きを履き、看護師もエプロンを身につけてはいるが、ポロシャツにチノパンというカジュアルなスタイル。一見、学童保育のようにも見えてくる。

しかし、この子たちは「入院患者」なのだ。しかも、虐待という想像を絶する体験を経てここにいる。目の前の光景をどう捉えていいのかわからない。

混乱のまま病棟を一周し、扉を出た背後でガシャーンと響く施錠音を聞いた。

ここは、患者が勝手に出ることを許されない空間＝「閉鎖病棟」だった。まさか、小児科に閉鎖病棟が存在するとは……。私が最初に抱いた違和感は、これだったのだ。

一体、どういうことなのだろう。これは、何を意味するのか。

虐待を受けた子どもというのは、どんな状態にさせられているのだろう。それまで私は、虐待を受けた子どもは、児童相談所によって保護されて親から離されれば、それでひとまず問題は解決すると思っていた。少なくとも、もう殺される危険はないのだと。はっきりわかったのは、私は何もわかっていなかったということだ。自分の無知に直面し、思い込みを恥じ、混乱した状態のままあいち小児を後にした。

今、この国にどれだけ、虐待で保護された子どもがいるのだろう。

厚生労働省によると、二〇一三年度に全国の児童相談所が対応した児童虐待の相談件数（速報値）は、七万三千七百六十五件と初めて六万件を突破した前年からさらに増え、過去最多を記録した。前年度は六万六千七百一件であり、調査を開始した一九九〇年度以来、増加の一途をたどっている。親元で暮らせない要保護児童の数は、二〇一三年十月一日時点で全国に約四万六千人。

こうした子どもたちの中のごく一部が、あいち小児にやってきて治療を受けている。あいち小児の心療科には「子育て支援外来」があり、私が案内された32病棟は全国でも数少ない「子どもの心のケア」のための入院施設だった。虐待を受けた子どものほかに発達障害や不登校の子どもたちに対し、専門的な治療を行っている。

二度目にあいち小児を訪ねたのは、二〇一一年二月のことだった。

杉山医師は前年十月から浜松医科大学特任教授となり、あいち小児では週に一度、外来診察を行う非常勤医師となっていた。この日だけで六十人ほどの患者を診《み》るという合間に、診察室で話を聞いた。

「〝子育て支援外来〟などとやわらかな表現をしていますが、実際には被虐待児の心のケアを目的とした〝虐待外来〟です。ここを作って十年経ちますが、まだほかにはないですね。

患者さんは、児相で保護されて緊急性が高くそのまま来る場合と、児童養護施設などで問題を抱えた子どもが送られてくる場合、さらに地域の小児科医の紹介によるものがあります」

なぜ閉鎖病棟が必要なのか。これが一番聞きたいことだった。

「小児科病院に閉鎖ユニットを作ったのは、虐待を受けた子どもを治療してきた経験上、重症の子どもが来るだろうと予想されたからです」

重症の子どもとは？　入院患者はどんな状態になっているのか。

「虐待を受けた子どもは、とにかく問題行動をひっきりなしに起こす。そして自身の弱さが外に出て、イライラが募ると暴れてしまう。つまり、虐待的な対人関係を繰り返すのです。でも子ども同士がお互いに脅威を与えるようでは、安心がもたらされない。安心がないところでは治療ができない。この病棟は、そうした不安定な子どもたちを安心な構造全体で抱っこするというイメージなのです。子どもを閉じ込めることが目的なのではなく、守るためのものなんです」

32病棟には準閉鎖（夕方五時から翌朝七時まで閉鎖）と、二十四時間閉鎖の二種のユニットがある。立ち上げは、すべて精神保健福祉法に則って行われた。倫理委員会を作り条例・条文も設定した。そして「児童精神科医を一人以上いれる」「自由を奪う場合は必ず説明して保護者等のサインをもらう」「外部委員会のチェックを必ず受ける」など、同法で定められた人を拘束するための必要条項をすべてクリアして開設されたのだ。

浜松に移った杉山医師から私への対応を託された新《あら》井《い》康祥《やすあき》医師は、優しさがにじみ出る若い医師だった。紺のギンガムチェックのシャツにチノパンという、あいち小児ならではの医師スタイルがよく似合う。でも、とにかく早口。私は必死になって、話についていく。

初めてあいち小児を訪れたときに、杉山医師から「最近、〝性虐〟が流行《はや》っていて、次から次に、性的問題が起きている」と聞いていた。「性虐」とは、「性的虐待」のことらしい。でも、それが流行るって一体、どういうことなのか。私は、まず「性虐の流行」とは何かを知りたかった。

私の質問に答えて、新井医師は性的な問題から話し始めた。

「〝性化行動〟っていうのが、あるんです」

初めて聞く言葉だった。

「性被害を受けた子どもはスイッチが入ってしまうと、自分も性的な行動をすることがよく見られます。性的な発言や自慰行為、性行為に至ることも珍しくありません。それが性化行動です」

幼い子どもが性的な行動をするとは、どういうことなのだろう。そもそも、意味がわかっているのだろうか。

「行為の意味を理解している子ばかりではなくて、親の性交場面を目撃していた子が『あれは何をしていたのだろう』と真似《まね》してしまうこともあります。たとえばこの柱の陰とか壁の裏とかで、ぱっとやってしまうんです。あらかじめお互いに話をしてあるからできるんでしょうね。柱の陰でさっとパンツを脱いで、『できた』『できんかった』って戻ってくる。これは、児童養護施設ですごく困っていることです」

性的な問題とは思春期以降のものだとばかり思い込んでいた私には、新井医師の言っていることが、にわかには呑《の》み込めない。

「小学校低学年でも性的な興奮は感じるので、性被害を受けた子は養護施設の中でも性行為をやってしまうんです。今、厚労省の統計で性的虐待は三%とかになっているでしょう。これはある程度事実関係がわかったものでないと出せないのでそんな数字になっていますが、治療の過程で被害の事実が明らかになった例を加えていくと、実際はとんでもなく多いです。この病棟が開設されてからの十年間の統計で、診察の内訳を見れば、性的虐待は一七%ぐらいです」

だから、「隔離」が必要となるのか。

「病棟に閉鎖ユニットがなぜ必要かといえば、入院が必要な子ばかりが集まると、どうしても性化行動や暴力の問題が起きるからです。子どもたちに加害もさせたくないですし、これ以上被害も受けさせたくないですから。それに子どもが安全だと感じられる場所でなければ、トラウマの治療ができないからです」

性的な虐待を受けている子どもがそんなにもいるなんて、思いもしなかった。子どもに対し性行為を強要する卑劣な大人が、私の想像をはるかに超えるほど多いということだ。虐待の被害者である子どもたちの問題行動も、想像以上のものだった。

「虐待を受けた子は怒りや恐怖など、さまざまな感情に蓋《ふた》をしているのですが、保護されて警戒が緩むと、蓋が開くんです。そうすると陰湿ないじめをしたり、激しい暴力衝動が抑えられなくなったりするんです。友達がいなくなるとわかっているのに、暴力の衝動が止まらなくなって、本気で取っ組み合いをしてしまうとか」

新井医師は、さらにこう続けた。

「明らかに体格が違っても、弱肉強食で生きてきた子たちですから、普通に小学校低学年が中学生を脅しますよ。生き抜くことしか考えられない環境で生きてきたので、たとえはよくないと思いますが、まるで動物の縄張り争いです。小学校一年でも二年でも、生きるために縄張りを作ろうと必死にやってますよ」

虐待家庭というのは、弱肉強食の世界なのか。その過酷な環境をかろうじて生き延びた子どもたちが、家庭に戻せない要保護児童なのだ。

そういえば、杉山医師はこう言っていた。

「子ども虐待の対応が後手に回ってうまくいっていないのは、子ども虐待がもたらす後遺症の見立てが甘いところに原因があります。複雑性トラウマというのですが、これは脳に器質的な変化をもたらします。画像などではっきりわかります。非常に重い後遺症が出ているわけだから、薬物療法と生活療法、それと心理療法を組み合わせて治療していくしかないんです」

32病棟に入院している多くの子が、抗精神病薬などさまざまな薬を飲んでいる。新井医師がそう教えてくれた。

「子どもが大人ぐらいの量を飲んでも、ふらつきもせず平気なんです。それどころか、『眠れないから薬をください』とも。被虐待児は、いつ殴られるかという警戒警報が二十四時間鳴りっぱなしの中で生きてきたので、頭の中がずっと過覚醒《かかくせい》。すべての刺激にものすごく敏感になっていて、ちょっとの量では鎮静がかからないんです」

私を含めてメディアは、これまで虐待の何を見てきたのだろう。報道するのは、虐待を受けた子どもが死亡した悲惨な事件がほとんどだったのではないか。虐待した親を責め、関係機関を叩《たた》き、「なぜ、救えなかったのか」と嘆いてきた。「(子ども虐待は)全体の中で考えていかないと」という臨床現場の思いと、大きくかけ離れていたのではないだろうか。

二〇一四年九月発表の厚生労働省のデータによれば、二〇一二年度、虐待により死亡した子どもは九十人、そのうち、心中《しんじゅう》を除く数が五十一人。その前年度は九十九人の子どもが亡くなり、心中以外の数は五十八人。虐待の末に多くの子どもが殺されているというのも紛れもない事実だ。

でも一方で、「殺されずにすんで」児童相談所によって保護された子どもたちは、それで一件落着なのか。そうではなかった。

ならば、保護された膨大な子どもたちの「その後」に何が待っているのか。そこに、きちんと光を当てなければいけないのではないか。何よりも、まずはこの目でありのままを見ていきたい。

新井医師は、その日の取材の最後にこう示唆してくれた。

「取材の流れとしてはこの後、児童養護施設や里親さんのところに行った方がいいですよ。僕らは治療しても、その子どもたちをどこに帰せばいいのかと、いつも悩んでいます。それに、虐待被害に遭いながらも、いい施設や里親さんに恵まれて、治療も進んで、自分の努力でがんばってちゃんと生きている人もいっぱいいますから」

そうしよう。虐待を受けた子どもたちが今、生きている場所を訪ねて行こう。生き延びた子どもたちの「その後」に出会う、手探りの旅を今から始めてみたい。あいち小児の取材を終えて名古屋駅へと向かう電車の中で、確かな思いが湧《わ》きあがっていた。

第一章

美由

——壁になっていた女の子

「あのね、しょうこさん。あたしね、七月十日生まれなのを、五歳まで知らなかったんだ」

ふわっとやわらかな羽のようなささやきが、美由《みゆ》ちゃんから漏れた。何か歌を口ずさみながらお人形で遊んでいた時に、明るい口調でするっと出てきた〝お話〟だった。

目の前に、脈絡もなくぽいっと投げ出されたその言葉。発せられた声の軽やかさと、訴えようとしている内容のギャップに「え?」と瞬間、固まってしまう。子どもにとって誕生日とは、「生まれてきてくれてありがとう」と親や周囲から祝福される日だというのに……。

美由ちゃんは、小学三年生。

三歳の時に母親の虐待で児童相談所に保護され、一時保護所にしばらくいたが、四歳でファミリーホーム「横山ホーム」に引き取られ、それからはずっと「横山さんちのみゆちゃん」として暮らしている。

「横山ホーム」のママは五十代前半の久美さん、パパは四十代後半の泰郎《やすろう》さん。美由ちゃんのほかに保育園児が一人、小学生が三人、中学生が一人と、六人が「横山ホーム」の子どもたちであり、「横山」を名乗って、社会生活を送っている。

「ファミリーホーム」とは二〇〇九年から施行された制度で、「小規模住居型児童養育事業」という。この言葉通り、養育者の「住居」において、五人から六人の「要保護児童」を育てていく「事業」であり、里親の経験など一定の要件を満たした人が養育者となり、補助者と合わせて三人以上で養育にあたるものだ。養育者は事業を行う住居に生活の本拠を置く人に限られ、それ以外に運営に関わる人が「補助者」となる。たとえば養育者一人に補助者二人、養育者二人（夫婦など）に補助者一人などのパターンがある。

里親は児童四人までという制限がある一方、ファミリーホームの定員は五人から六人。つまり、里親の規模を少し大きくした多人数養育を行う場所だ。

「事業者」になれるのは、養子縁組を目的としない「養育里親」として一定の経験を持つ人や、児童養護施設の職員として子どもの養育にあたってきた人たちなど。養護施設などの法人が職員に住居を提供するなどして、事業を行う場合もある。

ファミリーホームの最大の特徴は、あくまでも施設ではなく家庭での養育という点だ。子どもたちは通常の家庭と同じように、ママとパパという特定の大人の愛情の下で育つことができ、その意味で里親制度とともに、「子どもに家庭という育ちの場を保障する」役割を担っている。

ファミリーホームと里親で大きく違うのは、里親は「個人」という位置付けなのに対し、ファミリーホームは「第二種社会福祉事業」に分類されることだ。里親であれば一定の講習などを受ければ誰でもなれるのに対し、ファミリーホームには「立ち上げ要件」があり、里親経験者の場合は養育里親として同時に複数の子の養育を通算二年以上行った者、もしくは養育里親として五年以上登録し、かつ通算して五人以上の委託児童の養育経験を有する者、里親経験者ではない場合は児童養護施設などでの三年以上の養育経験者、と明確に定められている。経理は行政による監査対象となっており、公の養育を担う「事業者」として厳しい責任が義務付けられている。

二〇一三年十月一日時点で、ファミリーホームの数は全国で二百十八か所。そこで八百二十九人の子どもが暮らしている。国は今後、施設一辺倒を脱し、家庭での養育を進めていく考えで、ファミリーホームを拡充していく方針でいる。将来的には千か所の設置を目標としているが、これは、虐待を受けた子どもたちを可能な限り家庭という環境に置いて、安定した人間関係の下で育てるということが、彼らのケアに非常に重要だと認識するようになってきたからにほかならない。

美由ちゃんが「ねえ、遊ぼうよ」と、私を自分の部屋に誘ってくれたのは、三度目に横山家を訪ねた時だった。それまで遠巻きに私を見ているだけだった美由ちゃんが、突然、「ねえ、しょうこさん」と名前を呼んで声をかけてくれたことは正直、驚きだった。

壁紙もカーペットもカーテンもクッションも、目に入るものすべてがピンク。美由ちゃんの部屋は、大好きなピンク一色といっていい。ロフトベッドの下のスペースには電子ピアノが置かれ、小さな鏡台の周囲や雑貨コーナーにはこまごまとした小物やぬいぐるみが飾られている。小学生の女の子の部屋というものが珍しくて驚いてばかりの私に、美由ちゃんは小物や雑貨を手に取っては説明してくれる。どれも美由ちゃんの宝物だった。

「これはね、ママが買ってくれたの。こっちは、ハルちゃんからのプレゼントなんだよ」

屈託のない笑顔に、自然と引き込まれていく。

ハルちゃんとは、横山家に通ってくる補助員のことだ。横山家では夫妻が「養育者」、成人した息子である幸生《ゆきお》くんが「補助者」となってファミリーホームを運営する要件を満たしている。久美さんと泰郎さんは子どもたちの育ちと学びのためには、多くの大人が関わることが必要だと考え、実際、それぞれの子の塾や病院への送迎で人手が必要なこともあり、福祉系の大学生数人を補助員として雇っている。では、その分の人件費が出るかと言えば、国が想定するのは二・五人（養育者二名に、非常勤の補助者一名）分のみ。補助員として外部から人を入れれば、いわば事業者が身銭を切る形を取らざるを得ないという。

ファミリーホームにやってくるのは、「要保護児童」として、両親などの保護者に代わり「社会」が育てることになった子どもたちだ。「要保護児童」は児童相談所の所長判断に基づいた都道府県知事の決定によって、児童養護施設や里親、ファミリーホームなどへ「措置」される。

これら子どもの養育にまつわる費用が「措置費」であり、ファミリーホームの場合、国から措置費として支給されるのは、「事務費」と「事業費」という二つの名目に分かれる。

「事務費」として支給される金額は、子ども一人当たり月十五万円程度。ここから、前述の補助員などの人件費や研修費、旅費、消耗品や補修費などの経費を捻出《ねんしゅつ》する。「事業費」とは子どもの食費や被服費などの一般生活費と教育費で、子ども一人当たり月約四万八千円が支給される。

横山家の場合、「事業的」にはどうなのだろう。

久美さんがこう説明する。

「うちには概算で、子ども六人分として月に百二十万円弱ほどが支給になるけど、子どもも六人の食費、洋服代、学習塾代やスイミング、ピアノなどの習い事代で毎月四十万円ほど、補助者や補助員たちの人件費で約五十万円が出ていく。他に送迎用の車の保険代、車のローン代、駐車場代などで結局、大部分が消えていく。だから事業としては、決して儲《もう》からない。私自身の収入のことだけを考えるならば、外に働きに出た方が収入は上。

でもファミリーホームになって、子どもたちにお金をかけてあげられるようになったから、それはよかったって思っているの。旅行にも行けるし、幼児や小学生の頃から塾や習い事にも行かせてあげられるし……」

美由ちゃんは今、ピアノ教室と学習塾に通っている。ピアノを弾くことが好きで、工作など手を使って物を作ることも得意。絵も上手で、見せてくれたオリジナル漫画は細かいところまで丁寧に描かれ、かわいらしく楽しい作品だった。

「こっちに来て」と美由ちゃんは、ロフトベッドの上へ私を登らせた。頭が天井にくっつきそうになりながら、ベッドに置いてあるクッションやぬいぐるみを撫《な》でている時に、美由ちゃんは冒頭の言葉を発したのだ。

なぜ、ここで誕生日の話を私に切り出したのだろう。五歳まで自分の誕生日を知らなかったという子どもは、美由ちゃんだけではないだろう。そのこと自体は異常なことではない。だが、横山家へやってきた美由ちゃんが、ママやパパ、お兄ちゃんたちに初めて祝ってもらった五歳の誕生日が心にくっきりと残っているからこそ、「それまであたし、お誕生日におめでとうって言われたことがないんだよ」ということを私にわかってほしいと、ベッドの上で突然思ったのかもしれない。誕生日を祝ってもらうことは喜びであり、誇りだから。

美由ちゃんの屈託のなさにどぎまぎしながら、私からはアホウのような返答しか出てこない。

「え？　みゆちゃん、そうなの？」

「うん。このお家《うち》に来てからわかったの。でもね、川村のママはケーキを買ってくれたことがあるよ」

「川村のママ」とは、実母のことだ。久美さんからそう聞いていた。

「そうだったの。お母さん、やさしかったね」

「ううん。コワイ。コワかったよ」

美由ちゃんはここで私の顔を見て、きっぱりと頭《かぶり》を振った。そして、何となく心ここに在らずというようなふわっとした感じで、右手の甲を私の前に出した。手の甲の真ん中あたり、指に近い場所に、古い傷痕《きずあと》がうっすら見えた。

「川村のママにね、フライパンでじゅっと、ここ、やられたんだ」

美由ちゃんはここでもサラリと、文章を朗読するように話した。フライパンのことは以前に久美さんから聞いてはいたが、まさか、美由ちゃんから私に直接話してくれるとは思いもしなかった。驚き慌てる私は、こう返すのが精一杯だった。

「痛かったねー。すごく熱かったでしょう……」

美由ちゃんの心は熱されたフライパンからさっと離れ、痛いも熱いも関係ないとばかりに、ふんわりした、かわいらしい声で今度はこんな話をした。

「お兄ちゃんのユウキくんの手をね、川村のママは炊飯器のとこにつけたよ」

これも久美さんから聞いていた。美由ちゃんと一つ違いの祐樹くんは、蒸気が噴き出す炊飯器の蒸気口に、手を押し付けられたのだと。

「あのね、石田さんはね、お金持ちだから、お寿司《すし》を買ってきてくれたの」

石田さんというのは、「川村のママ」の交際相手のことらしい。

祐樹くんと美由ちゃんの父親は同じだが、「お父さん」は何回も代わっているという。母親はいろいろな男性と関係を持っており、全部で四人の子どもを産んだということだが、現在、一緒に住んでいる子どもは一人もいない。

なぜ、美由ちゃんは「石田さん」のことを教えてくれるのだろう。

「お寿司を買ってもらったこと、覚えているんだね」

「うん。石田さんはお仕事をしていたから、お金持ちだったの」

美由ちゃん、大人がお仕事するのは当たり前なんだよと、喉元《のどもと》まで出かかる。ママの交際相手で「お仕事をしていた」のは、「石田さん」だけだったのだろうか。

翌日、子どもたちが学校へ行った後、「石田さんのお寿司」について久美さんに話してみた。久美さんは一言、こう言い放った。

「ほかにいい思い出がないから、たまたま、お寿司を買ってくれたのが記憶に残っているんだよね」

誕生日という楽しみも知らなかった四歳までの間、美由ちゃんにとって、石田さんのお寿司だけが楽しかったことだったんだ……。

「だけど私も最初、みゆちゃんからフライパンの話が出た時は、えー！　って本当に驚いた」

美由ちゃんが横山家に来て、三年目の夏だったという。夕食の用意をしている時のこと。美由ちゃんは台所のお手伝いが大好きで、料理をする久美さんの横についていた。

「みゆちゃん、今日はハンバーグ焼こうね」

タネの形を整え、さあ焼くとなった時。

「みゆちゃんさぁ、これは電磁調理器で炎は出ないけど、フライパンに触《さわ》ったら熱いから気をつけてね。やけどするから、触っちゃだめだよ」

久美さんが何気なく声かけをしたその時、美由ちゃんは右手の甲を指して、時計のゼンマイを戻すように、過去の出来事をするするとしゃべりだした。

「あたしさぁ、川村のママに、フライパンでここ、ぎゅっと押さえられたんだよ」

家に来たばかりの頃から、美由ちゃんの手の甲にやけどの痕があることに、久美さんは気づいていた。しかしとても小さくて古い傷痕だったので、タバコの火の痕かと思っていたという。美由ちゃんの身体《からだ》には、それほどたくさんのタバコの火を押し付けられた痕があった。それも背中やお尻など、本人には見えないところばかりに。

久美さんは、とにかくこう言った。

「えー、熱かったねー。痛かったでしょう」

サラリと、美由ちゃんは続ける。

「すごく痛かったけど、泣くと怒られるから我慢したんだよ」

美由ちゃんは母親に言われた言葉まで記憶していた。

「『泣くな、声出すな。泣いたら、殴る』って言われた。だからあたし、泣かなかったの」

傷痕の古さからいって、久美さんは二歳か三歳の記憶ではないかと思った。二、三歳のことなんか、普通はそこまではっきりと覚えていない。

後日、久美さんが美由ちゃんの主治医である児童精神科医にこの話をしたところ、医師はこう説明した。

「普通の日常の記憶は残らないけれど、トラウマになるようなものは普通の記憶じゃない。被虐待児のトラウマ体験は、脳の深いところに鮮明に刻まれているものなんです。だから、ものすごく鮮明に残っている」

久美さんには、三年以上も経ってその記憶がよみがえったことも不思議だった。医師はこう続けた。

「通常はトラウマ体験には蓋《ふた》をしているのだけれど、何かの拍子に蓋が外れて、バーンと出てくるんですね。でも本当は、つらい体験を直視できて言葉にできる方がいいのです。言葉にできた時点で、八割方は回復しているとみていいでしょう」

じゃあ、ロフトベッドの上でサラリと私に話したことも、「回復」の証《あか》しなのだろうか。久美さんは言う。

「今は、結構、笑いながら普通に言うの。『この傷、大人になったら、消えるかなー』って。明確に覚えていたことだったのに、最近、曖昧《あいまい》になってきているの。何だか漠然としたものになっているということは、過去の曖昧な記憶の位置に戻せるようになったのかな」

確かにロフトベッドでの話も、「川村のママ」が怖いことを私に教えるために必要な一文を、ただ伝えたといった感じだった。

五年前、久美さんが一時保護所で見た美由ちゃんは、「壁になっていた女の子」だった。児童相談所の児童福祉司は、「この子は、しゃべれないかもしれません」とまで言った。「一時保護所では一切、しゃべっていません。表情は全くなく、能面のようです」と。

それが、四歳の美由ちゃんだった。

二〇一一年二月、二度目に「あいち小児保健医療総合センター」（あいち小児）を訪ねた時に、私は虐待を受けた子の「その後」を巡る〝旅〟を決意した（奇《く》しくも、その年の三月十一日の東日本大震災の揺れは、心療科病棟の閉鎖ユニットにある、鍵《かぎ》のかかる個室「ムーン」の中で体験することとなった。「対人関係のワーク」という、嫌なことに「ノー」と言うための女児の訓練を見学後、女性看護師から説明を受けていた時だった。なかなか終わらない長い揺れに、一体、震源地はどこなのか強い不安を感じたのを覚えている）。

そしてその年の夏、東京都杉並区で起きた「里子虐待死事件」が全国一斉に報じられた。

始まりは、小さな女の子のひっそりとした死だった。二〇一〇年八月二十四日早朝、三歳七か月の渡辺みゆきちゃんが杉並区にある自宅の地下室で倒れているところを発見され、搬送された病院で死亡が確認された。死因は、揺さぶられたり殴られたりして血腫《けっしゅ》が生じ、脳がダメージを受ける急性脳腫脹《のうしゅちょう》。涙が伝った痕を頰《ほお》に残したままの死だった。一体、みゆきちゃんのその目には、最後にどんな光景が捉《とら》えられていたのだろう。

それから一年後、二〇一一年八月二十日にみゆきちゃんの里親が傷害致死容疑で逮捕され、その死は全国ニュースとなった。遺体にあざや傷が多数あったことを不審に思った病院が警察に通報し、警視庁が虐待を視野に捜査を重ねた結果だった。

逮捕、起訴された鈴池静《すずいけしずか》（逮捕当時四十三歳）が声優だったこともあり、報道は過熱した。鈴池被告は二〇〇七年十一月に東京都に里親の申請をし、みゆきちゃんと半年間にわたる面会や外出、宿泊などの交流を重ね、二〇〇九年九月に里子として引き取ったのだ。

一年も経たずして、みゆきちゃんは「新しいお家」で命を落とす。この間、一体、何があったのだろう。

手がかりを求めて、二〇一一年九月十一日にこども教育宝仙大学で開かれた「杉並里親傷害致死事件を考える緊急集会」に参加した。約百人の参加者は、ほとんどが全国から集まった里親だった。

五十代の男性が話し始めた。

「私は里子を預かるまで、子どもは愛情さえあればスクスク育つものだと思っていました。実子はそうやって育ちましたから。三歳の男の子が里子に来てから、妻は一年間の記憶がないと言います。私もまだつらくて話せない。ひょっとしたら殺してしまうかもと思ったこともあります。正直、子どもへの怒りが湧くこともありました」

白髪の男性も話し始めた。

「私は里親になって三年目ですが、里子に来た女の子が学校で暴れるんです。かっとなると殴る蹴るが止まらない。彼女の胸倉をつかんで力で押さえたこともありますが、そうすると泣き出して止まらなくなる」

　里親たちが、これほど傷つき苦しんでいるとは思いもしないことだった。里親たちを苦しめるもの——それこそが「虐待の後遺症」なのだ。

　厚生労働省の「児童養護施設入所児童等調査結果」（二〇一三年二月一日）によると、里親に委託された子どものうち、約三割は虐待された過去を持つ。当然、この子たちは「虐待の後遺症」を背負って、里親宅にやってくる。

　そもそも「虐待の後遺症」という認識自体、一般にどれほど共有されているのだろうか。少なくともこのテーマに取り組む以前は、私には思いもよらないことだった。

　専門家による治療が行われている、あいち小児の心療科病棟においてさえ、「問題行動は多発する」と聞いた。ならば、里親は「問題行動」に振り回される毎日だろう。なぜ、あたたかく迎えてくれた人を苦しめるのだろうか。前出のあいち小児・心療科の新井康祥医師はこう話す。

「虐待を受けた子どもたちが抑えこんでいた怒りは、保護されて安心や安全を感じるようになることで、次第に表に出てきます。本来、その怒りは虐待をした親に向けられるべきなのでしょうが、子どもにとってそれは危険極まりないことです。親を攻撃すれば、もっと激しく親を怒らせてしまい、仕返しをされるのがわかっているので、怖くてできない。そして、そのやり場のない怒りは、優しく保護してくれる人たちに向かってしまうのです」

杉並事件の鈴池被告は、委託から十か月後、事件が起きる一か月前のブログにこう書き込んだ。

「なんだか、里子と向き合っていると、いろんなものが見えなくなっていく。これが、ダークサイドなのか？」

二〇〇七年夏、横山家に児童福祉司からこんな電話がかかってきた。当時、横山家に委託されていた子どもは二人。児童養護施設から来た小学四年生の早紀《さき》ちゃんが、家庭内や学校でいろいろ問題を起こしていた時期でもあった。

「大変な時に、もう一人はやっぱり無理ですよねー？　実は一時保護所に預けられて、行き先が決まらずに半年たつ女の子がいるんです。きょうだいで保護したのですが、その時、女の子の実母が『お兄ちゃんは要《い》るけど、この子は要らない』と言ったので、僕は『わかりました』って言ってやったんですよ。『あとは、この子が幸せになればいいだけのことですから。僕が責任を持って、行き場所を探しますから』って」

担当の児童福祉司は、最後にこう付け加えた。

「でも、この子、しゃべれないかもしれないんです。保護所で一言もしゃべっていない。それでもいいですか？」

久美さんは「ほかの子の意見もあるし……」と、答えを留保し、後日、パパの泰郎さん、息子で補助者の幸生くん、早紀ちゃん、保育園児の薫《かおる》くんの一家五人で一時保護所へ面会に行った。

保護所の中庭の隅っこで、美由ちゃんは一人で土をいじっていた。遊んでいる時も、お風呂の後で職員に身体を拭《ふ》いてもらっている時も、美由ちゃんは何も話さず、表情は能面のようだった。久美さんはその時の印象をこう話す。

「小柄で、かわいらしい顔をした子だったの。だけど、一言もしゃべらないで、いるかいないか、わからないような子だった。お風呂の後は、袋入りのお菓子をもらって黙々と食べていた」

女の子の様子を見ていた早紀ちゃんがこう言った。

「あの子、かわいそうだよ。連れて帰ってあげようよ」

そして早紀ちゃんは美由ちゃんにプリキュアのカードをあげた。「そしたら、あの子、すごくうれしそうな顔をしたの」と久美さん。

実はこの時のことを、美由ちゃんはちゃんと覚えていた。

「あの時、お姉ちゃん、カードくれたよね」と。

家に帰って、みんなで話した。思いは一緒だった。

「あの子、連れてきてあげよう」

こうして美由ちゃんは、横山家の子どもになった。

来た当日のことを、久美さんは思い出す。

「うちに来てからも、ずーっと黙っていて、『ごはんだよ』って言えば黙って食べて、『今日からここが、みゆちゃんのお家だからねー』って言っても、にこりともしないし、表情も変えないいし、ああ、本当にしゃべれないのかなーって思ったの」

食事を終えてお風呂に入り、一つの部屋に布団を敷きつめて、「みんなで、ここに寝ようね」と久美さんが声をかけると、薫くんは仲間が来たことがうれしくて、布団の上でぴょんぴょん飛び跳ねた。

その時、美由ちゃんはぼそりと言った。

「あたし、ここの家の子どもじゃないもん」

蚊の鳴くような声だった。

久美さんは「あっ、しゃべれるじゃん」と思った。しかも、ちゃんと状況もわかっている。

新しい仲間が来てワクワクと浮き立っている横山家の子どもたちは、その言葉を聞き逃さない。まずは、薫くん。

「何、言ってんだよ。僕だってさ、もともと、ここの家の子どもじゃないんだよ。ほかに家があるんだけど、山村（児童福祉司の名前）が僕をここに連れてきて、みんなでごはんを食べて遊んで寝るから、僕は家族で、この家の子どもなんだよ。ここの家に来たら、みんな、ここの家の子どもなんだよ」

「え？　そうなの？」

驚く美由ちゃんにすかさず、早紀ちゃんもたたみかける。

「あたしも、ずっと、ここにいたんじゃないの。よそから来たんだけど、もう、ここの家の子どもだよ」

「えー、そうなんだー」

久美さん曰《いわ》く「憑《つ》き物《もの》が落ちたみたいに」、その瞬間、美由ちゃんは枕を投げ始めた。

翌日から、美由ちゃんは普通に話し始めた。

「ごはんだよー」と言えば、「はーい」と、蚊の鳴くような声ではあったが応《こた》えるようになった。

久美さんはほどなく、美由ちゃんに強いこだわりがあることに気づく。

「彼女はピンクが好きで、しかもスカートしか穿《は》けない。一時保護所ではサイズが合えば、いろいろな服が出されるわけだけど、たとえばズボンだったら穿けないから、何時間でもそのままでいた。『嫌だ、穿きたくない』とも何も言わず、一時間でも二時間でもそのまま、ただ立ち尽くすから、保育士さんには、事情がわからない。蠟人形《ろうにんぎょう》のように何時間でもずっと立っている。うちに来ても何かあるとスイッチを切る。フリーズするっていう感じ。すごいなーって思いましたね」

美由ちゃんは横山家でも突然、理由もわからず不機嫌になって、そのまま固まってしまう。

母親に呪文《じゅもん》をかけられたように育てられている——。服はピンクでなければならない、ズボンは穿かない、髪は切ってはいけない等々、美由ちゃんは母の命令に縛られていた。それはまるで呪文、あるいは呪《のろ》いかと思うほど。

「みゆちゃんは、ノーの意思表示ができなかった。そして、泣くこともしない。たぶん、母親に『こうしてほしい』とか『これは、いやなの』と言ったところで、それが通った経験がないからだと思うのね。だから黙っていようと決めたのか、そうやってスイッチを切るんだと思う」

委託の時に渡される、美由ちゃんの母子手帳はほぼ白紙だったという。母親は美由ちゃんの成長記録を何も残していなかったということだ。それは、「要らない子」だったからなのか。のちに久美さんは、美由ちゃんから家でどのように過ごしてきたのかを聞いている。

「みゆちゃんはお母さんに殴られないように息をひそめて、声を出さないようにしてたんだって。お母さんがいる時はいつも、壁の隅にじっと座っていたって言うの。お母さんは多動の傾向があるユウキくんを、よく殴っていたみたいだから」

美由ちゃんは「壁になって」、息をひそめて生き延びてきた。

久美さんが驚いたのは、何かの拍子にプチッと切れること、そして切れた時の激しさだった。

「いつもなら、『お花、かわいい！』って蚊の鳴くような、かよわい声でうれしそうに話しているのに突然、豹変《ひょうへん》して、低い激しい声で、『誰だ、殴ったのは！』と怒鳴りだすものだから、周りがびっくりしてしまう」

保育園で、こんなことがあった。

「あの子たち（被虐待児）、ボディバランスが悪くてよく転ぶんだけど、帰りの支度をしてた時、男の子がたまたま足を出していたところにつまずいて、みゆちゃんがばたっと転んだの」

瞬間、美由ちゃんはパッと起き上がり、足を出していた男の子をバーンと殴った。あまりに一瞬の出来事で、保育士にも止められなかったというほどの俊敏さだった。久美さんが言う。

「男の子にしてみれば『大丈夫？』とか、『ごめんね』と言う隙《すき》も与えてもらえず、殴られてるの。もう、動物みたいな反射だよね。まるで、野生動物。何かを自分にされた時の反射が、みゆちゃんにはすさまじいものがある。『いつ、お母さんにぶたれるかわからないから、いつもお腹《なか》に力を入れてたんだよ』って彼女は言うけど、身を守る、野性の防衛本能のようなものが研ぎ澄まされているんだと思う。だから、保育園の頃はしょっちゅう、いろんな子の家に謝りに行っていた」

「嚙《か》む」という行為も野生動物に近いもので、その頃の美由ちゃんにひんぱんに見られた。園庭で、三輪車で遊んでいた時のこと。美由ちゃんも三輪車に乗りたくて、乗っている子が代わってくれるのを待っていた。

三輪車に乗っていた子が、美由ちゃんの近くに来た時、美由ちゃんはその子の腕に突然、がぶーっと嚙みついた。驚いて駆けつけた保育士が離そうとしても、犬みたいに離さない。美由ちゃんはその男の子の腕を血が出るまで嚙み続けたのだ。

久美さんは状況をこう推測する。

「みゆちゃんは『一周したら、代わってね』とか何も言わないで、黙って待っていたんだって。それじゃ、相手には伝わらないよね。でも彼女は心の中ではずっと、『代わって、代わって』と思っていた。でも代わってくれないから、『なんで、代わってくれないのよー』って怒りが爆発して、瞬間、嚙んでいたんだと思う」

美由ちゃんと同じ保育園に通っていた薫くんは、突然、豹変する美由ちゃんを見て、久美さんにこう言った。

「俺は絶対、気の短い女とは結婚しない」

保育園でのこんなシーンも、久美さんには忘れられない。

「みゆちゃんは運動大好きで、アウトドア派なんだけど、ドッジボールだけがどうしてもできなかった。保育参観日で親子ドッジボールがあったんだけど、みゆちゃんは始まったとたん、キャーッて悲鳴をあげて、頭を抱えてしゃがみこんで、うずくまって震えてしまったの」

家に帰り、美由ちゃんが落ち着いたところで理由を聞いた。美由ちゃんはこう言った。

「ドッジボールの時は、先生もママたちも、鬼の顔をしてて、蛇が襲ってくるの」

大人がボールを振りかぶる時の表情は、確かに穏やかなものではない。その表情や振りかぶるという行為に、美由ちゃんは何をオーバーラップさせたのだろう。「お母さんが殴りかかってくる姿と一緒だったんだと思う」と久美さん。震えながら、「お母さんは、蛇」と美由ちゃんは言った。

保育参観の和やかな光景に、〝蛇となったお母さん〟が一瞬にしてよみがえる。美由ちゃんは一体、どんな体験を積み重ねてきたのだろう。

美由ちゃんと暮らしていく中で、久美さんは美由ちゃんが感情を切ってしまう場面に何度も出会った。

「信じられないような敏捷《びんしょう》な動きをするかと思えば、ボーッとして呼んでも返事をしない。何かで注意されると、そこで感情を切ってしまって、フリーズすると何時間でも無表情のまま立ち尽くす。記憶をそうやって飛ばすので、注意されたことが積み上がらない。だから、何度でも同じことをやる。これ、『解離《かいり》』なの」

「解離」――。久美さんははっきりと言った。

「解離」とは、脳が器質的な傷を受けていないのに、心身の統一が崩れて記憶や体験がバラバラになる現象の総称だ。たとえば記憶が飛んでいたり、気づいたら全く別の場所にいたり、ある年齢の記憶がなかったり、有名なものでは二つ以上の人格が存在する多重人格など。それらを総称して「解離」と言う。

あいち小児での臨床経験から、虐待を受けた子どもには解離症状が見られることが多いと杉山登志郎医師は言う。

「解離性障害のすさまじさというのは、治療した経験がないとわからないと思いますよ。たとえば私の患者で一年間、二週間に一度のペースで診療した子がいるのですが、名札を隠して『この先生、誰?』って聞くと、僕の名前がわからないのです。同じように心理治療をやってもらっている心理士さんも、名札を隠すと名前が出てこない。知的には問題のない子ですよ」

一年間、信頼関係の中で診療を受けていたというのに……。

「忘れちゃうんですよ。昼過ぎに診察して、午前中の時間割が出てこない。朝、何を食べたかも覚えていない。（被虐待児は）瞬間、瞬間を生きているから。虐待の結果、記憶を切って、切って、生きている。ちなみにその子は今、治療の結果、通常学級に通い、普通に暮らしています」

虐待というつらい記憶を消すために、スイッチを切って生き延びる。美由ちゃんも赤ちゃんの頃から、そうやって生きてきたのかもしれなかった。

保育園の頃、ある日、美由ちゃんは久美さんに「あたし、昼間でも、夢が見れるんだよ」と言ってきた。

それはたとえば、保育園での給食の時間。極端な偏食の美由ちゃんにとって給食は、嫌なことを強いられる時間だった。美由ちゃんに限らず、被虐待児に多く見られる極端な偏食は、これまで食べたことがないものがあまりにも多いことに由来する。

横山家での食卓で美由ちゃんは、カレーでも五目いなりでも中身を一つ一つ出して確認した。

「これ、なに？」

「にんじんだよ」

「にんじんって、なあに？　あたし、食べられない」

こんな調子だから、保育園での給食は美由ちゃんにとっては苦手な時間。保育士さんに「なるべく、食べようね」と言われるたびにスイッチを切って、「夢を見ている」。

「いやなことがあるとね、夢が見れるの。そうするとキティちゃんとかキキララちゃんが出てきてね、いろんなお話をしてくれるの。だから先生が怒っている時はずっと、あたし、キティちゃんとお話してるの」

美由ちゃんは「昼のお化けさんは、コワくないの。いつでも見れるの。キキララちゃんとかキティちゃんとかが出てくるから」と言う。

では、夜はどうなのだろう？

横山家に来てからも美由ちゃんは夜、何度もうなされた。

「うわーっ、うわーっ、ううー」

身体の奥からふりしぼるような咆哮《ほうこう》に、久美さんは飛び起き、美由ちゃんに駆け寄る。

「みゆちゃん、大丈夫？　もう、怖くないからね。大丈夫だよ」

美由ちゃんを一旦《いったん》起こし、身体を撫でて「大丈夫、大丈夫」と耳元でやさしく言い聞かせる。身体を抱きしめ、背中を撫でて「もう、大丈夫だからね」と繰り返す。そうしなければならないほど、久美さんの腕の中で美由ちゃんは激しい恐怖におののいていた。あまりに夢が怖いので、眠ることもできない日が続いた。

朝になって、落ち着いた時にどんな夢なのかを聞いてみた。

「みゆちゃん、怖い夢を見たの？」

「声がするの。お母さんのコワイ声がするの。『おまえなんか、連れてってやる。こんなところで幸せになったらだめだ。おまえなんか、不幸にしてやる。おまえみたいなやつはだめだ。おまえなんか、ぶっ殺す』って……」

それは、実母の声だった。

あるいは、こんな夜もあった。激しくうなされる美由ちゃんを抱き起こした瞬間、美由ちゃんは久美さんにしがみついて泣きじゃくった。

「あたし、お化けの家に、連れて行かれちゃう」

美由ちゃんは夢でずっと、脅されていた。

「おまえは、ここの家の子じゃないんだ。お化けの家の子なんだから、戻って来い」

美由ちゃんは恐怖で震え続ける。

「ママ、あたしは連れ戻される。コワイ、コワイ、コワイよー」

診察室でこのことを話すと、医師は睡眠薬と幻聴を止める薬を処方した。そして美由ちゃんにこう話した。

「それはお化けの声だから、お化けの声は、みゆちゃんに何もできないんだから心配ないんだよ」

お母さんの「コワイ声」＝幻聴に、美由ちゃんは薬を飲んでも、長い間、苦しめられる。

美由ちゃんの幻聴は、「解離性幻覚」と呼ばれるものだ。

杉山医師は著書『子ども虐待という第四の発達障害』で、解離過程症状を以下のように説明する。

「解離過程症状としては、離人感（もの事の実感がなくなってしまい、とても苦しい現象）、被影響体験（何かに操られているような感じ）、解離性幻覚（お化けが見えたり、お化けの声が聞こえたりする）、トランス体験（没我状態に陥る現象）、交代人格状態（一人の人間に別々の人格が現れる現象）、スイッチ行動（ふだんとは違った状態へとスイッチが切り替わる現象）、解離性思考障害（内なるお化けなどの声に邪魔されて考えがまとまらない）などがある」

杉山医師はあいち小児で「解離性障害」と診断を受けた子どものうち、八割が被虐待児だったと報告している。

医師の前にどのような子どもが現れるのか。解離とは具体的にどのような状況になるのだろう。

あいち小児の新井康祥医師は、こう話す。

「ただ切れて、暴れている状態の中にも解離症状は見られますね」

そういえば、美由ちゃんも突然、プチッと切れると久美さんは言っていた。新井医師が続ける。

「落ち着いてからそのこと（切れたこと）を聞くと、子どもはその間のことを『知らない』『覚えていない』と言います。子どもによってはキレイに人格が分かれている場合と、そこだけ記憶が抜け落ちている場合といろいろですね。人格が分かれている場合を『解離性同一性障害』と呼んでいます。昔で言う、多重人格です。ほかにも解離症状としては『自分が自分でないような』存在する実感の乏しさや、自分がどこかへ行ってしまって、何で自分はここにいるんだろうとなるもの（遁走《とんそう》）などがあります」

「解離」というものは、テレビドラマの世界の話かと思っていた。しかし〝虐待外来〟にやってくる子どもにそれは「普通に」見られることであり、現に久美さんから聞いた美由ちゃんの様子も、まさにそうだった。

　専門分野まで踏み込む余裕はないが、なぜ、人間に解離ということが起きるのだろうか。

　新井医師は、解離性同一性障害の発生には、二種類の説があると教えてくれた。

「赤ちゃんって、ころっと機嫌が変わるでしょう」

　それは理解できる。たった今まで、必死に声を張り上げて泣いていたかと思えば、天真爛漫《てんしんらんまん》な笑顔になる。さっきまでの必死に訴えていた不遇さ、不自由さは何だったのかと思うほど。

「泣いていたと思ったら笑っていたり、笑っていたと思ったら泣いていたり。これが成長と共にまとまって人格が形成されていくのですが、その大事な時期に、特に幼児期に、性的虐待などのような激しい被害に遭うと、人格がばらばらに形成されてしまうんです。普段、外に出ている主人格のほかに、トラウマの記憶とつらい記憶を背負った人格、その反対に復讐《ふくしゅう》や自傷に向かう攻撃的な人格です。トラウマに耐え切れない場合は、途中から主人格が入れ替わることもあります」

瞬間、瞬間を生きていた人間が、連続した記憶を獲得していくことが成長であるのなら、虐待がその健やかな成長を阻むものであることは確かだろう。

では、もう一つの説とは？

「つらい体験をするごとに、それを一つ一つの人格に閉じ込めて切り離していくというものです。たとえると、傷んだ玉ねぎの皮をめくっていくような感じです。でも治療をしていくと、一枚一枚戻ってくるんです。そして、その子の人間性にも厚みが出てくるんです」

一つ一つの人格に閉じ込める――、それは防御のためだ。現実があまりに耐え難いものであったなら……。あえて現実との間に壁を作り、閉じ込めることでしか生きていけないほど、過酷な現実があるというのもまた事実なのだろう。

「悲しいとか、つらいとか、そういう感情を感じるかどうか。そのような感情の乏しさも、被虐待児の特徴です」

感じるも感じないも、そのような思いは選択するものではなく、自《おの》ずとやってくるもの。だから「感じる」、としか言いようがない。ところが、被虐待児は……。新井医師は続ける。

「悲しい思いをした時に『悲しい』と感じると、悲しみに関連した外傷記憶（トラウマ）がフラッシュバックしてくる。怖いと思うと、怖い過去がどっと出てくる。性的興奮を感じてしまったら、同じように過去の性的なトラウマが出てくる。それはつらいことですし、また、恐怖だとかの感情を顔に出したら、余計に虐待者を怒らせてしまうので、それらの感情も含めて全部に蓋をするんです。残るのは薄っぺらい〝にこにこ笑っている〟だけの人格です。そうやって、自分を守っているんです」

解離は、防御——。殴られるという痛くてつらい経験も「感じない」ようにして自分から切り離してしまえば、痛みもつらさも軽くなる。美由ちゃんも「壁になって」感じないようにして、その場を生き延びてきた。

保育園から横山家へ電話がかかってきたのは、美由ちゃんが「年中さん」の夏だった。

「みゆちゃんが実は、金魚を下駄箱に入れておいて……」

何があったのか、何をしたのか、半信半疑で久美さんは保育園へ向かった。

始まりは、「虫」だったという。

美由ちゃんの下駄箱から、ダンゴ虫やバッタなど箱に入った虫が干からびて見つかった。干からびた虫が何度か見つかることが続いた後に、金魚になった。さすがにみんなのペットである金魚はマズイと、園では家庭に連絡することにしたという。

美由ちゃんは金魚を水槽からつかまえて、給食で出たプリンの容器にちょっとだけ水を入れ、その中に金魚を閉じ込めて、自分の下駄箱にしまっておいた。それをたまたま保育士が見つけ、一大事となった。幸いなことに、金魚はまだ生きていた。

「最初の虫の時に、知らせてほしかった」

久美さんが率直に思ったことだ。その後、どんどん、生き物が大きくなっていったから。

美由ちゃんが一連の行為をしている現場は、保育士の誰も見ていない。

この時、久美さんは、保育士から美由ちゃんが描《か》いた絵を見せられた。

「この頃、みゆちゃん、自分が檻《おり》に入れられている絵を描くんですよ。私たちも、この絵はちょっと異様かなーと職員で話していたんです」

用紙の下の方に鉄格子のある小さい犬小屋のような檻があり、そこに小さな人が二人、閉じ込められている。檻の外には棒を持った大きな人間が、その棒を振りかざして立っている。その人間の顔は、黒いクレヨンでぐしゃぐしゃに塗りつぶされている。そして、遠くには小さな家が一軒……。

横山家に来た当初、美由ちゃんが描く人間の絵は、顔がすべて黒くクレヨンで塗りつぶされていたというが、絵を見た瞬間、久美さんは、閉じ込められているのは美由ちゃんとお兄ちゃんの祐樹くんだと思った。もちろん、棒を持って威嚇《いかく》している大人はお母さん。

「その絵を見て、みゆちゃんは自分が閉じ込められているイメージをずっと持っているんだなあって思ったんです。お母さんがいる間は、壁に密着して息を殺して生きてきたわけですから」

久美さんの頭に、何かの本で読んだ言葉がすっと浮かんだ。

再現行動——。美由ちゃん、今度は、自分が何かを閉じ込めていくことを始めたのだろうか。

ほどなく、早紀ちゃんが部屋で飼っていたイモリが消えた。早紀ちゃんと美由ちゃんは女の子同士、一緒の部屋だった。

「いない、いない、いないよー。あたしのイモリがいないよー」

早紀ちゃんが泣きじゃくりながら大声で叫んで、大騒ぎとなった。久美さんも一緒になってくまなく探したが、見つからない。

まさか——。いや、そんなことはない。

「その時は、みゆちゃんがやったとは一切思っていなかった」と久美さん。でも、まさか？　もしかしたら？　という思いがどうしても拭《ぬぐ》えない。

「みゆちゃん、ごめんねー。もしかしたらなんだけど、みゆちゃんのところにイモリが逃げてきてるかもしれないから、みゆちゃんのところも探させてね」

美由ちゃんの収納ボックスを開けたところ、ヤクルトの空容器が目に入った。手にしてみると、水がちょっと入れられていて、そこにイモリが入っていた。瞬間、早紀ちゃんがキャーと叫ぶ。

「なに、これー。あたし、もう、嫌だー。みゆと一緒の部屋はもう嫌だー」

久美さんは、イモリが生きていたことに何よりホッとした。もし、死んでいたら……、考えただけでぞっとした。

「みゆちゃん、なんで、こんなことしたの？」

久美さんはやさしく問いただした。だが、美由ちゃんは頭を振るばかり。

「あたし、知らないよ。なんで、ここに、こんなのがいるの？」

解離だった。

前に早紀ちゃんのペンダントを美由ちゃんが取ったこともあり、イモリ事件をきっかけに久美さんは二人を別々の部屋にした。

それからほどなく、早紀ちゃんは部屋でハムスターを飼いだした。

横山家のリビングにある縦長の大きなテーブルはみんなの食卓であり、子どもたちの勉強机であり、大人も子どもも飲み物を飲んでおしゃべりする憩《いこ》いの場だ。もっとも子どもたちはテレビの前の床にぺたっと座り、ＴＶアニメやビデオに夢中になっている方が多いのだが……。

リビングのテーブルで久美さんが補助員たちとお茶を飲んでくつろいでいた時、美由ちゃんが目の前をぼーっとした表情で通り過ぎて行った。

両手でマーガリンの空箱を抱え、美由ちゃんの宝物入れがあるコーナーへ向かって歩いていく。久美さんは咄嗟《とっさ》に叫んだ。

「みゆちゃん、何、持ってる？」

マーガリンの空箱を受け取ると、中でカサカサという音がした。開けてみたら、ティッシュを敷いた上にハムスターがいた。久美さんは、ぞっとした。

「みゆちゃん、これは一体、なんなの？　どうしてこんなことをするの？」

美由ちゃんははっと我に返って、驚いた久美さんの顔を見て、泣きそうな声でつぶやいた。

「ママ、あたし、わかんない。わかんないの」

何を聞いても、「わからない」ばかり。

早紀ちゃんにはとにかく部屋に鍵をかけるように指示したが、久美さんはこの時もやはり、ハムスターが生きていたことに心から安堵《あんど》した。久美さんは唇を嚙む。

「だって、死なせたら、みゆちゃんとサキちゃんの関係は修復できない」

久美さんは美由ちゃんの主治医に、「とうとう、ハムスターまでやってしまいました」と訴えた。

「ちょっと、それはマズイねー」

主治医はこれまでの薬を強めにし、さらに幻聴だけでなく幻視を抑える薬を処方した。

美由ちゃんはその薬を自分からちゃんと飲もうと努力した。それは美由ちゃん自身に、「こんなこと、よくない、治したい」という気持ちが芽生えたからだったのだろう。

ハムスターを閉じ込めたのは自分だと、今回ばかりは美由ちゃん自身にもわかった。お姉ちゃんは泣いていた、ママも悲しそう……。二人の悲しみは美由ちゃんの心に、どのように映ったのだろう。

久美さんは美由ちゃんにやさしく話した。

「大事な動物を、それも大事な家族がそんなふうにしたら、みんな、とっても悲しいの。ママもパパもユキオくんも、そしてサキちゃんも。カオルだってそうだよ」

美由ちゃんは「闘おう、薬を飲もう」と心に決めた。

そしてこの頃からだんだん、久美さんには美由ちゃんが落ち着いてきたと自然に思えるようになってきた。

だが、心配事はそれだけではなかった。小学校に入ってから、美由ちゃんが友達の物を取ってくることが頻繁に起きていた。

小学校二年の冬、一家と補助員たちで二泊三日の温泉旅行に行った時のことだった。ホテルに宿泊して、二日目の昼下がり。部屋でみんながトランプをしていた時、美由ちゃんはこう言った。

「ママ、下のお店、見に行っていい？」

「いいよ。欲しいものが見つかったら、言いにおいでね」

「わかった！」

しばらくして部屋に戻ってきた美由ちゃんは、焦点が合わないぼーっとした表情で、久美さんには完全に解離しているように見えた。

美由ちゃんは何かを隠し持ってこたつの向こう側に入って、ごそごそとやっている。おかしいと久美さんが声をかけた瞬間、美由ちゃんはびくっと身体を震わせた。美由ちゃんの手にはキーホルダーやストラップなどが十個ほど入っていた。それも竜や剣など、女の子が欲しがるようなものではない。

美由ちゃんに問いただすと、「持ってきちゃった」。

パパである泰郎さんが美由ちゃんと一緒に売店に行き、お詫《わ》びをして商品の代金を支払った上で、美由ちゃんに訳を尋ねた。

美由ちゃんは少しずつ、何が起こったのかを話し始めた。

「最初はね、どれがいいかなーって見てたの。そしたら、声が聞こえてきて……」

美由ちゃんは売店で、「声」と闘っていたのだ。

「取っちゃえ、あれもいいぞ、これもいいぞ。取っちゃえ。早く持っておいで。取りなさい」

「そんなの、だめだよ。いやだ」

「言うこと聞かないと、ぶっ殺すぞ。どんな目にあってもいいのか」

「いやだ」

「ぶっ殺してやる」

「いやだ」

「ぶっ殺してやる、ぶっ殺してやる」

その後のことは、何も覚えていなかった。

主治医に訴えると、「もっと幻聴のコントロールが必要だね」ということで、より強い薬の投与になった。

後に、美由ちゃんと兄の祐樹くんの話から推察されたことだが、二人は実母からコンビニなどで万引きを強要されていたようだ。お母さんが店に二人で行かせて、「持っておいで」という行為が常習だったらしい。母親にしてみれば、もし見つかったとしても、子どもがやったこととして「すみません」と言えばいい。

祐樹くんは里親さんに、こんな話をしたという。

「オレの心の中には、泥棒と警察が住んでいる。泥棒が取れと言って、警察がだめだと言う。オレはいつも〝どろけい〟をやってるんだ」

二人は当時、その行為が悪いことだとは思っていなかった。盗むのはいけないことだと二人が知るのは、それぞれ養育者の元へ引き取られてからのこと。

だから早紀ちゃんと一緒の部屋の時、早紀ちゃんの宝物が頻繁になくなり、探すと必ず、美由ちゃんの宝箱から見つかるということが続いたのだ。久美さんは思った。

「『ぶっ殺す』という声はたぶん、お母さんに万引きをやらされている時にはなかったと思うの。良心が育って、葛藤《かっとう》が生まれたのだと思う。でも、いくら『いけないよ』と言っても、人の物を取ることは何年も続いた」

学校でも、友達の鉛筆や消しゴムを持ってきてしまうことが問題視されていた。美由ちゃんに聞くと、こう説明した。

「『いいなー』と思うと、『取っちゃえ。今だ』という声が聞こえてくるの。もう、あとはわからなくなるの」

そしていつの間にか、筆箱に友達の鉛筆が入っている。

そこで、久美さんは担任と相談をして、美由ちゃんに「持ち物ノート」をつけさせることにした。本来持っていない物が入っているかどうか、毎日、チェックするためだ。

そして学校から帰ったら毎日、一緒に「お化け退治」をすることにした。久美さんと美由ちゃん、親子一緒に大きな声で叫ぶのだ。

「お化けなんかに、負けないぞー！ みゆは、がんばったぞー！ みゆは、悪い子じゃないぞー！ お化け、出てけー！」

この間にも、「お化け」は出てきていた。友達のシールノートがかわいいなとちょっと思っただけなのに、声が聞こえてくる。

「今だ、取っちゃえ」

「いやだ」

「おまえは悪い子だから、死んでしまえ」

「みゆは、悪い子じゃないもん」

二年生の教室で一人、美由ちゃんは「お化け」と闘っていた。がんばって声に逆らって、シールノートに手を出すことを一生懸命に我慢した。家に帰れば、毎日、何回も親子で叫んだ。

「やったー！ みゆは、がんばったぞー！ みゆは、悪い子じゃないぞー！」

それから二週間から三週間で、お化けの声が聞こえなくなったと、久美さんは美由ちゃんから教えられた。以来、盗む行為は一切なくなった。

三年生になって、担任から久美さんはこう言われた。

「もう、この持ち物ノートは必要ありません。こんなノートをつける必要がないぐらい、普通の子ですから」

久美さんは、この時「お化け」と一生懸命闘ったことが、美由ちゃんの中で大きな自信につながっていると確信する。

「みゆちゃんは寝る時はまだ不安なので、リビングでみんながいる時に寝入っていますが、でも、一度寝ればもう熟睡だから、布団に行くように促せば、朝までそのまま。うなされることもなくなりました」

私が訪ねた夜のメニューは、ピーマンたっぷりの豚肉と春雨《はるさめ》の甘辛炒《あまからいた》めに、副菜はポテトサラダ、キャベツの塩昆布和《しおこんぶあ》えに、豚汁だった。

「このピーマン、見て。二十個入って、二百円だったの！　祥子さん、これ、細切りにしてもらえるかな」

久美さんの采配《さいはい》のもと、調理に取り掛かる。普段、料理は久美さんが一人で作るという。補助員たちが若いこともあり、「その間、子どもたちの面倒を見ていてもらった方がいいから」と。メインと副菜二種ほどを、「いつものことだから、ちっとも大変じゃない」とてきぱきと作っていく。

二十個のピーマンを、一度に調理するのは初めてかもしれない。ダイニングテーブルにまな板を持ってきて、ひたすらピーマンを切る私の横で、美由ちゃんが四コマ漫画を色鉛筆でカリカリと制作中だ。

目の前にいる小柄でスレンダー、長い髪を一つに結わえたおしゃまな女の子が、そんな苦難と何年も闘ってきて、ここにいるとはちっとも思えない。穏やかで恥ずかしがり屋で、好奇心旺盛《おうせい》で、そして美由ちゃんの後で横山家にやってきたチビたちを冷静に見ている、しっかり者のお姉さんでもある。

「今は全く、普通の子。来た時は四歳なのに○も△も描けない。自閉症かとも思ったけどそうじゃなくて、自信がつくことで学習面も伸びて、大好きなピアノや絵は夢中になってやってるの」

三年生になった頃から美由ちゃんは、自分の部屋の中に「お家」を作るようになった。段ボールの家から始まって、最近はクローゼットの荷物をどかして一畳ほどの家を作っている。自分の好きな小物や宝物、ぬいぐるみを思うままに並べ、好きな生地のカーテンをつけ、間仕切りを工夫してと、美由ちゃんは「自分の家」を作ることに夢中になっているという。

そんな美由ちゃんを、久美さんはこう見ている。

「何にも縛られず、自由に、好きなように、やりたいようにやっているの。みゆちゃんらしい、すごくかわいらしい家なのよ。みゆちゃん、こうやって自分の自由意思を確認しているのかなって思うの。お母さんにずっと縛られてきたでしょ。お母さんがいる時には寝ることさえできず、立って壁にもたれていたって言うんだから」

久美さんは最後に、こう話した。

「先生（医師）は、被虐待児の治療は医療だけでは治らないって。居場所がきちんとできないと難しいって言うんですが、みゆちゃんはここに、自分の居場所を見つけたんだと思うんです」

最近、美由ちゃんは久美さんにこんなことを聞いてきた。

「ねえ、ママとパパもケンカするの？」

「そりゃあ、するよ」

「えー、じゃあ、包丁とかハサミとか、持ってくるのー！」

「みゆちゃん、それは、ない、ない」

「よかった！」

パッと輝く、おちゃめな笑顔。二人で思わず、お腹を抱えて笑い合った。二人だけで秘密を共有する、どこにでもいる母と娘のように。

第二章

雅人

——カーテンのお部屋

小高い丘から海が見渡せた。

ファミリーホーム「みんなの家さわい」は、海に近い小さな集落にある。木造の二階建て日本家屋のたたずまいは、私が子どもの頃に馴染《なじ》んでいた世界のような懐かしさがあった。まず目に入ってくるのは気持ちのいい縁側であり、縁側に接する続きの和室が子どもたちのスペースになっていた。

軒先に、小さな子どもたちの洗濯物が隙間《すきま》なく並ぶ。青や紺、グレーといった色彩に、男の子が多いことがうかがえた。

現在、小学生が四人に保育園児が一人。里子五人は全員、男の子だ。それに中学二年の長女と高校一年の次男という二人の実子がいる。長男は一年前に、大学進学で家を出た。

「洗濯機は毎日三回、回さないと追いつかないの」

大所帯の〝お母さん〟、沢井友紀《さわいゆき》さん（四十九歳）がこちらの驚きを察してこう話す。

大量のこまごまとした洗濯物も、沢井家にとっては当たり前の光景なのだ。

日に焼けた顔が、くすっとほころぶ。いつでもどこでも、きっと彼女は変わらず、このままなのだと思える、率直な人柄がうかがえる。友紀さんが発する飾らないあたたかさは、懐深い〝肝っ玉母さん〟のよう。体型は細身で、まだ四十代の若さなのに。

訪ねたのは、ちょうどお昼時だった。

「何か、特別なものを用意しようかとも思ったんだけど、いつものお昼でいいかな？　って思って……。昨日の残りなんだけど」

台所にいい匂《にお》いが立ち込める。これは、すき焼きだ！

残ったすき焼きにうどんを入れてぐつぐつ煮込み、卵でとじたお昼のメニュー。一口食べて、あまりのおいしさに箸《はし》が止まらない。甘めの味付けが絶妙で、どこか懐かしく、ほっとする煮込みうどん。〝肝っ玉母さん〟は、料理の腕も抜群だった。

それにしても、畑が広がり、民家がぽつんぽつんと点在する昔ながらの集落において、血縁とは関係のないさまざまな子どもが育つ「ファミリーホーム」は、周囲から浮いていたり、違和感を持たれていないのだろうかという心配が浮かんできた。

だが実際は、玄関先にご近所から野菜が届いていたり、家族の一員になったばかりで道に迷った子どもを家まで送ってくれたり、「今度はこの子が来たかぁー」と、集落の人々に見守られて子どもたちは日々、暮らしている。

それは伝統社会のつながりが失われていない土地柄もあるだろうが、何よりも、沢井さん夫妻の暮らしぶりがここで信頼を得ているからに他ならない。

友紀さんの夫、哲夫《てつお》さん（六十六歳）は代々、この地で職人として生きてきた。沢井家がさまざまな子どもが育つ場所となったきっかけも、少年院や鑑別所から出てきた少年たちを住み込みで引き受けるところから始まった。若い男の子たちを、友紀さん曰《いわ》く「周囲のおばちゃんたちが、すごくかわいがってくれた」。その延長線上に、今の沢井家がある。主流は虐待を受けた幼児や一時保護の乳児などに変わってきたが、沢井家にとっての〝自然な流れ〟を、周囲も違和感なく受け止めている。

「だけどね」と友紀さんは、振り返る。

「最初は、やんちゃ系ばっかりだったのよ。私は少年刑務所に面会に行ったこともあるけど、あの子たちは壁に穴を開けたり乱暴なこともするけど、気持ちがいいの。さっぱりしてて。私、最初は、『虐待』の『ぎゃ』の字も知らなかった」

そう、雅人《まさと》くんが来るまで、沢井家は虐待とは無縁だった。

二〇〇七年十月、友紀さんは海辺の集落から地方都市にある児童相談所の一時保護所へと車を走らせていた。高速道路を使って片道一時間ほどという、普段の生活圏からは離れた場所だった。

始まりは、児童相談所からの一本の電話だ。沢井家を担当する児童福祉司は、こう言った。

「母親の虐待で、兄と妹を保護したケースなんです。妹の行き先は決まったのですが、兄はまだ一時保護所にいるんです。何とか沢井さんのところで預かってもらえないでしょうか」

友紀さんが児童福祉司から聞いた男の子の様子は、「変わった子」というたった一言。友紀さんは、男の子に会いに行った。

「一時保護所に会いに行った時点で、預かるということは決めていたの。今まで〝この子がいい〟とか、誰かを選んで預かったことはないし、児相から話が来て、よっぽどじゃない限り、断ることもない。そう、選ぶなんてとんでもない」

ハンドルを握りながら友紀さんは、二週間前に同じルートを辿《たど》り、初めて会った雅人くんを思い出していた。

確かに、変わった子だった。

一時保護所は、いわば閉鎖空間だ。保育園というより小さな病院のようだと、友紀さんは思った。鍵《かぎ》がかかる空間に廊下を挟んで部屋が並び、広間と中庭で子どもたちが遊んでいた。

その男の子は一階にある奥の広間に、一人でいた。

保育士が「まさくん、沢井さんですよ。まさくんにわざわざ、会いに来てくれたんだよ」と、友紀さんを男の子に紹介した。

男の子はびくっと反応して顔を上げたが、目を合わせようとはしない。そして「キノシタマサトです」と、焦点の合わない目で機械的に名乗った。

木下雅人くん、五歳。年長児だ。

母親と姉、妹と四人で暮らしていた当時、母親の虐待で何度も一時保護所と家を行ったり来たりしていたという。母親が暴力をふるうたびに一時保護となり、「二度とこんなことをしない」という母の言葉で家に帰るのだが、同じことの繰り返し。ついに児相が「家庭での養育は困難」と判断し、里親の打診が沢井家に来たのだった。

この子、顔がかわいいな。でも、目が合わないな。

友紀さんが初対面の印象を味わっていたら、雅人くんは突然、友紀さんの後ろに回り、背中をよじ登ってきた。いきなり何をするのか。雅人くんは、友紀さんの肩に立とうとする。

「私、もう、怖くてねー。びっくりして、座り込んで丸くなったの。五歳といっても、まさとは大きいの」

座り込んでいる友紀さんに、雅人くんは叫び続けた。

「ずっと、『立てー、立てー』って私、言われてね。もともとハスキーなカサカサ声なんだけど、しっかりした口調で、命令調。偉そうに……」

ああ、この子は私が会いに来たとわかった時から、何をしてもいいんだと思っている——友紀さんは直感した。

雅人くんはいい加減、友紀さんが言うことを聞いてくれないとわかった途端、すっと離れ、もう何も関心がないとばかりに近寄ろうともしなくなった。

この子は、言うことを聞かない人なら、要《い》らないんだな。

これも、友紀さんの直感だ。

それからあとは、「まさくん、お散歩に行こうか」と保育士が声をかけても無反応、お散歩には絶対に行かない、行くもんかという固い意思のようなものを友紀さんは感じた。

「まさくん、今度、沢井さんとお散歩に行こうか」

何気なく、友紀さんが声をかけたその時、雅人くんは叫んだ。

「じゃがりこ、くれ！」

あのスナック菓子のことか、じゃがりこかぁ。瞬間、こんな言葉が口を突いて出た。

「私、じゃがりこより、じゃがビーの方が好きだわ」

「俺は、じゃがりこのサラダ味が好きだ」

ああ、会話らしきものができた！　友紀さんはここでちょっと安心した。

「今度、沢井さんが来る時は、お散歩に行って、じゃがりこ、食べる？」

友紀さんはさらに声をかけてみたが、雅人くんはとっくに自分の世界に戻っていた。

ただ、

「じゃがりこ、じゃがりこ、じゃがりこ……」

と繰り返すのみ。

興味のあることにただ、反応しただけだったのか。それともお散歩に行くなら、「じゃがりこ」をくれという要求だったのか……。ともかく会話ができたことに安心して、帰路に就《つ》いた。

二度目の面会。今回はバッグにちゃんと、「じゃがりこ」のサラダ味が入っている。雅人くんをお散歩に連れて行って、食べさせてあげようと思ったのだ。

この日、雅人くんは中庭で遊んでいた。そこにある小さな山で、一人黙々と何かを探していた。そばに行って、声をかけた。

「まさくん、沢井さんだよ。お散歩に行って、じゃがりこ、食べようか」

雅人くんは声をかけられても、友紀さんの顔を見ようともしない。「沢井さん」と名前を呼ぶこともなければ、一切、相手にしようともしない。「じゃがりこ」のことも忘れていた。

発したのはたった一言、「カエルがいた」。

様子を見ていたら、カエルがいたにもかかわらず、見つからないことに腹を立て、その代わりに石を探していることがわかってきた。長い間、そうやって同じような石を黙々と探し続けている。

この子は長い間、気が変わらず、同じことに興味が持てるんだ。

ちょっと感心して眺めていたが、話しかけても無反応、「じゃがりこ」にも一切興味を示さず、友紀さんは「とても悲しい思いをして」帰宅した。

三度目に雅人くんと会うのは、友紀さんの家の予定だった。雅人くんは「沢井家」の子どもになるのだ。


「ただいまー」

玄関で、男の子の声がした。

友紀さんが、「今、話題のまさとだよ」と教えてくれる。

「お母さん、あのさー」と居間に入ってきた雅人くんは、予期せぬ客にはっと驚き、ひるんでちょっと後ずさりする。

小学五年生とは思えないほど身体《からだ》が大きく、ランドセルが小さく見える。確かに初対面の友紀さんが思ったように、かわいらしい顔。メガネをかけ、理知的な雰囲気もある。背は高いが、ひょろりと痩《や》せていてどこかひ弱な印象だ。

「お母さんの友達で、黒川さんだよ」

友紀さんに紹介され、雅人くんに「こんにちは。お邪魔してます。よろしくね」と挨《あい》拶《さつ》をする。雅人くんはどぎまぎと戸惑いながらも、カサカサのハスキーな声で「こんにちは」と一瞬ではあってもちゃんと目を見て、挨拶をしてくれた。

そして慌ててそそくさと、子ども部屋へと逃げ込んで（？）行く。

沢井家を訪問して感じるのは、子どもと大人との距離感だ。三間続きの和室の角々、あるいは縁側の隅に学習机が置かれ、そこがそれぞれの子どもたちのプライベートスペースだ。共同で使う和室にはテレビもあり、みんなで好きな番組を観《み》たり、ゲームをしたり、沢井家の子どもたちは対大人ではなく、子ども同士で遊んでいる。そして時に、「お母さん、あのね」と居間にやってきて、友紀さんにおやつをねだったり、学校での出来事を伝えたりする。

その間、大人は大人の話ができるというもので、子どもとべったりではない、ほどよい距離感が心地いい。

「だって、子どもって子ども同士の社会の中で大きくなるものでしょ。今、男の子だけで五人いるから、ちょうどいいんじゃないの。まさが一番、大きいから、お兄ちゃんしてるよ」

夕食前のひととき、友紀さんが食事を作っている間、雅人くんはダイニングテーブルで漢字の宿題を広げた。

ひ弱な印象とは対照的な、筆圧の強い、しっかりした大きな文字だ。

「う～ん、なんだっけ、あれ、なんだっけ」とカタカタ鉛筆を揺らしながら、真剣に考え中。

「あっ、これだ。わかった」

覗《のぞ》いてみると、ほとんどできている。升目《ますめ》をはみ出さんばかりの太くて大きな文字が一つ一つ、力強く書かれている。几帳面《きちょうめん》な文字というより、渾身《こんしん》の力で書き順に関係なく一画、一画、書きなぐっているような印象だ。

「まさ、それが終わったら、テーブルを拭《ふ》いて、みんなの取り皿を並べてね」

「はーい」

今日のメニューは子どもたちが好きな麻婆豆腐《マーボーどうふ》、天日干しした大根で作ったおでんと長芋の千切り、お漬物に味噌汁《みそしる》。

大きなフライパン二つに山盛り、お子さま仕様・甘めの麻婆豆腐が出来上がる。

雅人くんは、「あのさ、お母さん、今日、学校でね」とずっとしゃべりながら、踊るようにテーブルを拭いて回る。だからほら、言われたことは二つあったのに、一つだけで終わってしまう。

雅人くんが言われた「みんなの取り皿を並べる」のは、小学二年の敦也《あつや》くん。

「エライね、あっくん。自分からちゃんとお手伝いするんだね」

そう声をかけると、敦也くんはくすぐったそうに笑った。保育園児の進《すすむ》くんも調味料を冷蔵庫から出して、テーブルに並べる。

沢井家では、子どもたちがちゃんと〝お手伝い〟をする。みんな、まだ、小さいのに。でもこれも、家庭では「当たり前」のことなのだ。

小学一年の文人《ふみと》くんが私の前まで味噌汁を運んでくれる。一年生とは思えないほど小柄で華奢《きゃしゃ》な文人くんがニコニコ、手渡ししてくれる。三年生の有《ゆう》くんはみんなのコップにやかんから麦茶を注《つ》ぐ。そうやってみんなで「いただきます」と手を合わせた。

お父さんの哲夫さんは隣のこたつで一人、テレビを観ながらの食卓だ。

「ごめんね。今日の麻婆はちょっと、辛かったかもしれんわ」

友紀さんがそう言うものの、保育園児の進くんも低学年の敦也くんも、白いごはんにたっぷり麻婆豆腐をかけてパクパク、実によく食べる。ふんわりととろみがついた、お肉たっぷりの優しい味わいの麻婆豆腐にごはんがどんどん進む。そして子どもたちはとてもおいしそうに味噌汁をゴクリと音を立てて飲む。沢井家の子どもたちはみな、味噌汁が大好きだということも、ちょっと驚きだった。今では、「普通の」家庭で、味噌汁が出ない家もあるというのに。

雅人くんだけ、一切、麻婆豆腐に手を出さない。そして延々、しゃべり続ける。

「学校で、どうせ、俺はいじめられてばかりだから、もう、俺はどうなってもいいんだし、俺はもう、死のうかな」

悲観的な話を何の抑揚もなく、果てなく話す。

「まささぁ、そんなこと、言っちゃいかん。お母さんは、まさが大事なんだから。死ぬなんて、絶対に言っちゃいけない。友達だって、まさのこと、そんなふうには思ってないんだから、そんなふうに考えることはないんだよ」

友紀さんが、雅人くんの話を受け止めて根気よく語りかけている傍らで、実子で中学二年の裕美《ゆみ》ちゃんが私に一言。

「まさはいつも、ああなの。気にしないでいいよ」

そうか、いつもなのか。

そう言いながら裕美ちゃんは小さい子におかずを取り分けたり、「ほら、ススム。こぼすよ」とさり気なく食事の世話を焼いている。これもまた、沢井家の日常だった。

高校一年の次男・健太《けんた》くんが部活を終えて帰宅し、一人で食事を済ませた後、「風呂、入るぞー」と子どもたちに声をかける。小さい子たちはとてもうれしそう。

「一人で、五人はきついっす」

友紀さんに敢《あ》えて聞こえるようにひとりごちながらも、子どもたちは全員、入浴完了。

そしてそれぞれの子が一人一人、布団に入って寝に就いた。

子どもたちが寝た後で友紀さんが、「失敗した」とぽつり。

「まさの前で『辛い』って言ってしまったでしょ。しまったって思ったんだけど。だからほら、あいつは一切食べなかった。ほんとは麻婆豆腐、大好きなのに。思い込んでしまうとダメなんだよね。頑《かたく》なで融通がきかない。変なこだわりがまだ、あるんだよね。めんどくさいけど」

今なら「めんどくさっ」と、ふふふと笑える。だが雅人くんが沢井家に来てからの日々は、友紀さんにとって虐待の後遺症に向き合わざるを得ない時間でもあった。

「おかしいよ、こんな変な人、初めてだよ。やんちゃはいたけど、一体、どうしたらいいんだろう」

二〇〇七年十月中旬、雅人くんが家にやってきた夜、布団の中で友紀さんは頭を抱えた。その日、一言もしゃべらなかった雅人くんは深夜、意味のない言葉を何十回も連呼し、一睡もしなかった。

雅人くんは担当の児童福祉司に連れられて沢井家にやってきた。その時、どのように迎えたのだろう。友紀さんに明確な記憶はない。たぶん、自分のことだから、「今日からここが、まさくんのお家《うち》だよ。よろしくね」とか、笑顔で迎え入れたはずだ。ただし雅人くんには、その言葉が伝わっているのかさえわからなかったと、友紀さんは記憶を手繰《たぐ》り寄せる。

これから暮らしていく家に来ても無表情のまま、問いかけに答えるどころか、挨拶もなく、一言もしゃべらなかった。

はっきりと覚えているのは、あっという間に隣の和室に走って行ってしまったこと。あわてて後を追うと、縁側にある分厚いカーテンを束ねた襞《ひだ》の中に入って隠れてしまった。

この子、カーテンに隠れちゃったよ。

カーテンに隠れるなんて思いもしないばかりか、カーテンが逃げ場所になることも初めて知った。

どうしようもないことなので、しばらくそのままにしていた。

やがて、当時中学生と小学生だった実子の息子たちが帰ってきた。

「今日、新しい子が来たんだよね、お母さん。どこにいるの？」

「そこ」

友紀さんはカーテンを指さすしかない。

えっ？　と思ったお兄ちゃんたちは、「まさか」とカーテンをめくり、雅人くんと対面した。そして一言。

「かわいい子だな」

その後、自分たちの宿題をやり始めた。

すると雅人くんは、そろそろとカーテンから出てきて、自分の荷物の中から鉛筆を持ってきて、お兄ちゃんたちのそばで絵を描《か》き始めた。お兄ちゃんたちに挨拶どころか一切しゃべることはなく、ひたすら絵を描き続ける。

「それがね、魚の絵なの。口にはギザギザの歯もあって、目も、えらもひれもある、すごくリアルな魚の絵を、もう何個も何個も描くの。紙一面、魚なんだよ」

友紀さんは不思議なものを見るように、遠巻きに観察していた。

しばらくして、近所の年配の男性が野菜を持ってきてくれた。初めて見る幼い雅人くんを指さして、冗談まじりにこう言った。

「なんだ、孫ができたのかよ」

この「まご」という言葉に、雅人くんは反応した。

「何か、スイッチが入ったんだろうね。『まご』って言葉が気に入っちゃって、それからずっと一人で、『まご、まご、まご……』って、この二文字を言い続けた。ここから、これが何日も続くの。まご、まご、まご、まごだよ」

この日の食事は、カレーライス。児童福祉司から雅人くんが好きだと聞いていたからだ。それは食べた。しかし、翌日からカレーライス以外は白いごはんとふりかけと唐揚げしか食べられないことがわかる。

お風呂は、中学生の長男と一緒に入った。「まさと、入るか」と誘われたら、意外なことに素直に従った。雅人くんはお風呂が大好きで、初日から長風呂だった。

いよいよ就寝。初日でもあるし、友紀さんは、自分の布団の横に雅人くんの布団を敷いて、一緒に寝ようとした。しかし雅人くんは、さっとカーテンの中に入ってしまう。

「電気を消して暗くなると、急にまさとがハイテンションになったの。ほんと、やかましいのよ。カーテンの中で、『やあ、やあ』とか意味のわからない、何か頭に入ったフレーズを何十回と連呼するの。何十回でも、何百回でも。それでね、きゃっ、きゃってうれしそうな声も出すの。自分で言って、自分で受けてるの。うれしいのか、なんなのか。『きゃっ、きゃっ、まご、まご、まご……』って。お父さんが『うるさい、黙れー』って言っても、止まらない。誰が制止しても止まらないの。こんな変な人、初めてだったよ」

と友紀さん。

人の目を見ることはなく、何もしゃべらず、一週間が過ぎた。友紀さんはやっぱりおかしい、何かが変だと思った。

雅人くんは泣かない子だった。転んでも、高いところから頭から落ちても泣かない。

友紀さんは里親仲間に相談した。

「だって、普通じゃないよね。小さい子が唇を噛《か》んで、泣き声を出さないようにしてるって。だけどまさの後、うちに来たユウもススムもアツヤもみんな、そうだったんだけどね。あの時相談した里親さんも、うちに来た子も泣かないって。二人であの時はいろいろ心配したの」

その頃の友紀さんには、「虐待の後遺症」という認識はなかった。雅人くんのお腹《なか》には、刃物で切られた傷痕《きずあと》があった。それも縫うなどの処置がされたものではなく、自然についたような傷口だった。手には、ケロイド状のやけど痕もあった。

「痛みに対して、忍耐強い」
「人の目を見ない。見られるのもいやがる」
「自分自身、人間関係、人生に否定的な考えを持っている」
「パターンに固執し、柔軟な考えができない」

雅人くんに見られるこのような特徴は、「愛着障害」という症状に括《くく》られるものだ。この「愛着障害」こそ、被虐待児のほとんどが抱える問題といっていい。虐待を受けた子どもの「その後」に向き合う中、必ずと言っていいほど直面せざるを得ない問題だった。

「愛着」とは、赤ちゃんと母親など養育者との間に作られる情緒的な関係のことだ。「愛着」という言葉自体は慣れ親しんだものへの離れがたい思いなど日常的に使うものではあるけれど、心理学的には、幼児期までの間に子どもと養育する側との間に作られる、母子関係を中心とした情緒的な結びつきを指す。

子育てをしたことがある人なら、赤ちゃんとの時間を思い出せば理解できると思う。

たとえば赤ちゃんが泣けば「どうしたの？」と顔を覗き込んで声をかけ、赤ちゃんの訴えに寄り添い、「よしよし」と抱いて背中をさすり、お腹が空《す》いているのか、オムツが汚れているのか判断して、「今、おっぱい、あげようね」と抱き上げたり、「気持ちよくしようね」とオムツを開けたりして、心地よくなるように不快な要因を取り除く。それが、子育ての日々だ。

このようなやりとりの中で、赤ちゃんと養育者との間に「愛着の関係」というものが作られていく。実はこの「愛着の関係」というものこそ、人間としての基盤になるのだと言われている。

こうしてお母さんとあたたかな時間を過ごした赤ちゃんは、やがて、ハイハイや伝い歩きで行動範囲を広げていく。しかし、ふっと不安になれば泣き出してお母さんの膝《ひざ》へと舞い戻る。赤ちゃんにとって、世界は恐怖に満ちているのだ。戻ることのできるお母さんの膝がきちんとあることを確信し、安心感をしっかりもらった赤ちゃんは次第に、お母さんと離れて一人でいても平気になってくる。不安に駆られたとしても、お母さんをイメージするだけで不安を払拭《ふっしょく》できるから。この赤ちゃんは、お母さんとの間に「愛着」という関係を作ることができたのだ。こうして人は自分の世界を広げていく。

これが、すなわち成長だ。

赤ちゃんが獲得した「愛着関係」こそ、対人関係の基本となり、自分をコントロールするもととなる。人を信じ、自分を信じ、世界を信じ、成長していくすべての基盤となるのが「愛着」なのだ。

人間が持つさまざまな感情は、愛着の関係抜きには成立しないという。たとえば悲しみという感情はお母さんが自分から離れた時に生じ、誇りや喜びの感情はお母さんから褒められた時に芽生える。

その意味で、愛着の形成は乳幼児期の最も大切な育ちの課題なのだ。

だが、虐待を受けて育った子どもたちは往々にして、安心な環境の下で作られる母親との情緒的な交流が欠落してしまう。

被虐待児の問題の多くは、愛着が形成されていないことに由来するという。雅人くんの夜の様子だけでも、安心な環境とは無縁だったことがうかがえる。雅人くんにとって、夜はすやすやと安心して眠るという時間帯では、おそらくなかったのだ。

こうして人が「人間の基盤」を作ってもらえなかった場合に形作られるのが「愛着障害」であり、精神医学的には「反応性愛着障害」と呼ばれる。

東京福祉大学名誉教授のヘネシー・澄子氏は、著書『子を愛せない母　母を拒否する子』で、こう指摘している。

「生まれたばかりの赤ちゃんには、『心地よくなりたい』という肉体的な欲求と、『甘えたい』という情緒的な欲求があります。この欲求が継続的に無視されると、他人の気持ちをくみ取る脳の部分が成長せず、愛着障がいの症状が出てくるといわれています」

愛着とは愛され、守られ、大切にされた記憶。いつでも戻れるあたたかなお母さんの膝があり、守られてきたことにより、自分を信じ、他人をも信じることができるのだ。

ゆえに愛着が育っていない子は、往々にしてスキンシップをすることができない。その子にとって「触られる」ということは、即、攻撃になってしまう。後ろから肩を叩《たた》かれただけで、瞬時にその人に殴りかかることも少なくない。触られたことが、叩かれたことをフラッシュバックさせてしまうのだ。

「あいち小児保健医療総合センター」（あいち小児）に入院したある男児は、他人と横並びに座ることができなかった。人に寄り添ってもらった経験がないため、それは恐怖でしかないのだ。

たとえ、暴力の衝動がこみあげてきたとしても、母親から守ってもらった体験や、我慢して褒められた体験があれば、自分でその衝動をなだめることができる。心の中で「お母さん」をイメージすれば、今、殴ってしまったらお母さんが悲しむことを思い出す。大好きなお母さんの笑顔を曇らせてはいけないと、振り上げたその手を下ろそうと思う。だが被虐待児の多くには、そのイメージする「お母さん」がいない。

さらに被虐待児の場合、愛着が「マイナス」なのだという。人間にマイナスに働く「愛着」もあるのだ。それは、歪《ゆが》んだ愛着とでもいうべきもの。

前出の杉山登志郎医師によれば、子どもというのはどんな形であれ、養育者との間に愛着を作らないと生きていけないのだという。虐待的な環境で生きてきた子どもが養育者との間に獲得するのが「虐待的な絆《きずな》」であり、それは人にマイナスに作用する「愛着」なのだ。

被虐待児が味わっているのは、たとえばこんな世界だ。

お母さんの安心できる膝の代わりに放っておかれる冷たいベッド、やさしい笑顔の代わりに鬼のような表情や怒声、お父さんのアルコール臭い息、叩かれた時の痛み、恐怖、血の味や痺《しび》れなど。これが、被虐待児にとっての日常すなわち「馴染みの世界」であり、悲しいけれど、これがその子を取り巻くものたちなのだ。

痛みや痺れや怒声だけが養育者とのつながりだとしたら、子どもはその感覚だけを頼りに生きていくしかない。これが虐待者との間に形成される〈歪んだ愛着〉＝〈虐待的な絆〉だ。

こうして作られた虐待的な絆は、虐待の連鎖へとつながっていく。

アルコールの問題がある父のもとで暴力に怯《おび》えて育った娘が、「絶対、父親のような男とは結婚しない」と心に誓っているのに、同じような男性と一緒になり、ＤＶ被害を受け、さらに自分の子どもを殴るという……。彼女が獲得した生きる基盤＝愛着は、それ以外なかったから。アルコール臭い息や飲んで暴れる父親こそ「馴染みの世界」であり、それ以外の対人関係の有りようや感覚を、彼女は何一つ知らないまま大人になったのだ。

雅人くんが夜、一睡もしないでハイテンションでいることは、それが母親と一緒に過ごす夜の「馴染みの世界」だったのだ。そうやって雅人くんは毎夜、母との時間を過ごしてきたのだろう。

雅人くんが来て一週間、五歳児の彼が夜、寝ようとしない日が続いていた。「もう、こっちがノイローゼになりそうだった」と友紀さん。

思い余って友紀さんが引っ張り出してきたのは、自閉症の本だった。自閉症の子に「指示をどう理解させるか」というやり方を真似《まね》してみた。

自閉症とは社会性にハンディキャップを持つ生まれつきの発達障害だ。抽象的な「指示」ではなく、具体的ではっきりとした直接的な言葉かけには反応できる。

「これ、見て。お母さん、お話しするから」

指を一本、雅人くんの目の前に出してこう言った。

「電気を消したら、寝る時間です」

あるいは、「トイレに行きます」という言葉も雅人くんには必要だった。

雅人くんは沢井家に来てからずっと、トイレの場所を聞くことができなくて、おもらしをしては自分の荷物から服を引っ張り出して着替えるということを続けていた。「ごはんを食べます」も、必要だった。

これで何とか、静かな夜が少しずつ戻ってきた。おもらしも少なくなったし、食事はおかずを見てずっと固まったままであっても、みんなと一緒の食卓で、白いごはんとふりかけなら食べるようになった。

友紀さんが最も戸惑ったのが、前章の美由ちゃんにも見られた〝フリーズ〟だった。

実際、これが一番怖かったという。

「固まっちゃって、何も反応がなくなるのが、私には一番怖かった。なんで怒っているの？ なんで固まっているの？ って。そういうまさを見ていると、私は腹が立ってくるの。逆上して頭に血が上ってくるのがわかるんだよね。あたしをバカにしてんじゃないかって。これまで関わった子どもとの経験で、何も反応がないというのがなかったから不安になって、怒りが出てくるんだよ。なんか、内面の自分が出てくるの。カーッと頭に血が上って、叩いちゃうんじゃないか、蹴っちゃうんじゃないかって、それが怖かった。自分でどうしようもできなくて、とにかくまさがそうなったら離れることにしたんだけど、許せないわけよ、私には。相手の反応がないということが……」

後に、雅人くんの妹の歩美《あゆみ》ちゃんが泊まりにきた時のこと。歩美ちゃんのフリーズを目《ま》の当たりにしたことで、友紀さんの雅人くんへの怒りは収まった。

「『この服に着替えてね』って出した服が、あゆみちゃんには気に入らなかったんだね。その瞬間、固まった。『この服、嫌』って普通は言うでしょうに……。足を投げ出して座っているのだけれど、目はどっかへ行っている。耳も聞こえていない。思考も何もない。私は放っておいた。そしたら二時間でも二時間半でも、ずっとそのまま。まさがいくら、『あゆ、大丈夫か』って言ってもだめ。いやあ、すごいなって思ったの。これって別に、私を苛立《いらだ》たせようとしてやってることじゃないわって、本当にわかったの」

「解離」だった。

雅人くんと歩美ちゃんのきょうだいも、こうやってフリーズすることで母親の暴力の嵐から身を守っていたのだ。

雅人くんが来て二週間後、たまたま一時保護で小学四年の裕《ひろし》くんを沢井家で預かることになった。大人に「受ける」ことを一生懸命にやるテンションの高い子だったが、見えないところで小さな雅人くんを突き飛ばすような二面性があった。裕くんは乳児院から養護施設に移り、一年前に里親さんに引き取られたものの、そこで里親さんからひどい虐待に遭うという衝撃的な事件が起こり、一時保護された。次の行き先が決まるまで、沢井家で預かることになったのだ。

「ヒロシは夜中になると、泣くの。私に『そばにいて、そばにいて』って。あたしは、

『そんなの、やだね。あたしは普通のお母さんだから、九時からテレビを観ないといけないし』って言うんだけど、『コワくて眠れない』って言うから、子守唄《こもりうた》を歌ってあげたのよ。すると子守唄にまさがハイになって、喜ぶの。そして二人とも寝ない。私が十一時頃に布団に入ると、あの子たちも寝るの」

そんなある夜、裕くんが、受けた暴力の話をするようになった。友紀さんはタンスに寄りかかりながら、裕くんの話を聞いていた。

「あんたはよく、そのことを（児童）福祉司に話したね。そんな悲しい、痛い思いを……。えらかったね」

するといつの間にか、雅人くんが友紀さんの足のそばまで近寄っていた。そして友紀さんの足を、すりすりと触り出す。

ああ、母親に何をされたのかはわからないけど、雅人は何か、コワイ思いをしたんだろうな。それを裕の話で思い出したのかもしれないな。

友紀さんも背中を抱いて、雅人くんをすりすりした。その頃から雅人くんは友紀さんを「あのさぁ……」と呼ぶようになってきた。ためらいながらも、そばに寄ってくるようにもなった。それまでは、目も合わせようともしなかったのに。

「ヒロシのことで、何か変わったんだろうね。まさが自分を出すようになったの。びっくりしたよ。溶けるように、いろんなことをし出した。今までは自分を出さないように、固まっていたんだね」

さて、何を「し出した」のか。

海に近いこともあり、沢井家には釣った魚のおすそわけも多い。この日はやんちゃ系の元里子《もと》が「子どもたちに見せたい」からと、生きた鯛《たい》を三匹、発泡スチロールの箱に入れて玄関に置いていってくれた。

友紀さんが料理をしようと玄関に取りに行くと、二匹しかない。もう一匹はどこに行ったのだろう。気がつくと後ろに、裕美ちゃんが立っていた。

「ねえ、まさが、なんか、やってるかもしれない」

「どこで？」

「カーテンのお部屋で」

え？　意味がわからない。

「なんか、気味が悪いから見てきてよ」

「やだよ。ユミが見ておいでよ。何かわからないものなんか、あたしは見れない」

二人でこんなやりとりをしていたら、裕くんが「カーテンのお部屋」に行き、パッとカーテンをめくってしまった。

そこで、三人が目にしたものとは……。

雅人くんが鯛を両手で挟んで持って、顔を真正面に自分に向けて、じぃーっと見ている。カーテンをめくられたことにも気づかず、その世界に入り込んでいる。

「もうその瞬間、しばらく、誰も声が出ないの。びっくりして。誰だってこんなこと思ってもみないでしょ。まさか一体、何をしているかわからない。ああいう時って、声も出ないものなんだって……。私は唖然《あぜん》、もう頭が真っ白……」

三人とも凍りついたように動けない。

やがて雅人くんはおもむろに、魚を自分の前で横向きに直した。その瞬間、友紀さんから声が出た。

「返して！」

雅人くんははっと我に返り、みんなに見られていることに初めて気づき、魚をぱっと隠した。

友紀さんは取るものもとりあえず、児相の児童福祉司に電話をした。ああしていた時間は三十分？ それとも一時間？ そんなに長い間、生きたままの魚をずっと持っていたのだ。

「ねえ、魚に執着するあの子はなんなの？ あの子は病気なの？ 私にはおかしいとしか思えない」

すると児童福祉司は、こんな話をし始めた。それは雅人くんが保護されるきっかけとなった夜のこと。

「沢井さんには言ってなかったっけ？　あの子は、〝さかなクン〟なんだよ」

「それが、今、どうしたの？　確かにあの子はリアルな魚の絵ばっかり描くよ」

「措置した理由の一つなんだけど、夜にお母さんから電話があって、『雅人と歩美が風呂に入っている時に、スーパーで買ってきたサンマを焼こうと思ったのにサンマが一匹足りなくて、そしたら二人が風呂で、サンマを泳がしていた。そのサンマ、焼いて食べれますか』って、そう、僕に聞いてきたんですよ」

児相に母親が電話をしていた時には、サンマを泳がせていたことにカーッと頭に血が上った母親によって、雅人くんはボコボコに殴られて、息も絶え絶えの状態で倒れていた。それなのに、そのことよりも母親は児童福祉司に、「そのサンマを食べていいのかどうか」を教えてほしいと、電話をかけてきたのだ。

翌日、雅人くんと歩美ちゃんは保育園にいたところを一時保護され、母親と分離されたのだが……。

友紀さんは、「はあ？　訳がわからん」と叫びたかった。

「まさのお母さんも変だし、みんな、変！」

「あの時、お母さん、だいぶ、叩いたようなんです、まさとくんを。その自責の念で、僕にそう聞いてきたと思うんです。お母さんといろいろやりとりをしてきた経験上、その夜は大丈夫だと判断して、翌日、保護したんです。沢井さんも、そうなんですか？

食べていいかどうかって僕に教えてほしいですか?」

「そんなことは自分で考える。それより、あの子は病気なんじゃない? 私にはおかしいとしか思えない。生きてる魚をずっと持って……。カーテンも洗わないといけないし」

「見たかったんでしょ。生きた魚を。生きた魚、見たことなかったんだと思いますよ」

「絶対、おかしい」

「大丈夫ですよ、そんなこと」

「そんなことじゃない」

児童福祉司にはこっちがどれほど怒っているかを伝えたいけれど、友紀さんには違う感情も湧いてきた。

「どっか、腹の中で面白がってるの、私。面白くて、不思議な感じだったね。鯛は焼いて食べたよ。だけど、まさとは食べないんだよ、汚いって」

食卓で、いろいろ雅人くんをからかった。

「食べないって、なんで? あんたが持ってったんだよ。で、どうしてたの? 魚にチューしてたの?」

からかいに一切答えず、雅人くんは「汚い、食べられない」の一点張り。

「私は、本当に理解できなかった」

そう言って、友紀さんはお腹を抱えて笑う。「そんなことが、あったんだよねー」と。

雅人くんが家に来てから一か月が経った頃、沢井家では新生児を預かることとなった。児童養護施設にいた十七歳の子が父親のわからない子どもを産み、その若い母親をサポートしながら一緒に育てるという委託内容だったが、産院から母親が消えてしまった。

「まさとで大変だったけど、赤ちゃんは寝ているものだからそんなに大変なわけではない。まあ、いいかと引き受けたら、まさとが赤ちゃんをすごく気に入ったの」

抱っこや触ることはしないけれど、雅人くんは「リョウくん、リョウくん」と赤ちゃんの名前を呼んでかわいがった。こんな行動に出るのも友紀さんには驚きだった。

そこで友紀さんが取った、雅人くんとのコミュニケーションとは……。

「あの年代で一番入りやすいのが、おしっことウンチとちんちん。だから『おしめ、替えるよー』って、オムツ替えの時にまさに声をかけると、喜んで飛んでくるの。それで二人でオムツを開けて、ちんちんを見ては『ご立派、ご立派』って、毎日、二人でその会話だよ。ほんと、親には申し訳ないけれど、他のことだと何をしゃべっても反応がないからね。二人で『ご立派、ご立派』って、まさととコミュニケーションを取っていたの」

この頃になると雅人くんは友紀さんに甘えてくるようにもなったし、友紀さんも雅人くんの苦手なもの、好きなものがわかるようになってきた。

年が明けてから、雅人くんは保育園に通うようになった。ほどなく保育園から、こう言われた。

「『こうしようね』って指示しても、無反応。言葉が聞こえているかどうかもわかりません。雅人くん、どのような診断がついてますか？　一度、専門の医師に診《み》せてください」

これで初めて友紀さんは「あっ、そうなんだ。やっぱりどっか、悪いんだ」と思い、聴力と視力の検査に連れて行った。

「どの検査もできないの。『キャー』って怖がって逃げちゃうし、視力の検査なんて表を見もしない」

児相に相談したら「発達障害があると思う」というので、小児の心療内科を受診した。その医師は妹の歩美ちゃんの主治医でもあった。

「この子は以前に、うちにかかっていますよ。保育園で適応できなくて、保育園から言われて母親が一度連れてきています。雅人くんには、ＡＤＨＤの診断がついています」

「ＡＤＨＤ」は、注意欠陥多動性障害（Attention Deficit Hyperactivity Disorder）のことだ。

軽度の発達障害の代表ともいえるもので、多動、衝動、不注意の三つの症状を生まれつき持ち、発病率も三〜五％と高い。

　ここのところ、教室でじっと座っていることができず動き回る子どもたちに教師が悲鳴を上げているという話をよく聞くが、この子たちにつく診断名のほとんどが、ＡＤＨＤだ。

　雅人くんの場合、その後母親が診察に連れてくることはなかったので、診断はついたもののそのまま放置されていた。医師は友紀さんに治療方針を告げた。

「これから見守ってあげないといけないから、定期的に診察に来てください。対応の仕方がありますし、投薬も必要です」

　医師は友紀さんに、その子の生きにくさを改善することが治療の目的であり、「扱いやすい子」にすることが目的ではないと説明をした。そのためには脳内の神経物質の不足を補う投薬と、療育や教育的な支援が必要になってくるということだった。

　ここで先ほど見てきた「愛着障害」による症状とＡＤＨＤの特徴が重なってくることに気づく。たとえば「愛着障害」の特徴である「多動」「衝動や欲求不満に自制がきかない」「忍耐力や集中力が低く、学習障害が起きることもある」などはそのまま、ＡＤＨＤの子どもの特徴だ。

　このような多動がある子どもを「しつけ」で何とかしようと思った時に、虐待が生じやすいともみられている。

ニワトリが先か、卵が先かの議論ではないが、雅人くんの場合も、ＡＤＨＤという生来の発達障害が原因で母親の暴力を受けるようになったのか、あるいは虐待的環境で生きてきた結果、「愛着障害」となりＡＤＨＤのような症状を引き起こしたのか。

虐待と発達障害は、複雑に絡み合っている。

なぜ、被虐待児に発達障害の子が多いのか。それは養育者が、発達障害をもつ子どもに対して育てにくさや非社会的な特徴を感じ、それを「しつけ」によって正そうとした時に、あっという間に虐待へと横すべりしてしまうという傾向があるからだ。たとえば、落ち着きのないＡＤＨＤの子に対して、どうして他の子と同じようにできないのかと苛立ち、つい手を上げてしまうことがある。とりわけ、知的に問題のない「高機能広汎性《こうはんせい》発達障害」は、養育者に対して反論や挑発的な行動が出てしまうゆえに、虐待の呼び水＝高リスク要因であると杉山医師は指摘する。

一方、虐待という過酷な状況を生き延びる中、雅人くんのような多動の傾向や人と距離が取れないなど、発達障害に見られるような特徴を表面化させる子どももいる。

杉山医師はあいち小児の臨床で、生まれつき発達障害でなくても、虐待を受けることで発達障害のような状態を呈するということを「発見」した。その「発見」の上に立ち、子ども虐待を「第四の発達障害」と位置付ける。

それは虐待により大脳のさまざまな領域に機能障害が引き起こされることで、不注意で行動のコントロールが困難という「ADHD」的な行動や、先の見通しを立てることが難しく、その場しのぎの行動に出るなど、一見「広汎性発達障害」のように見えることもあるという。

虐待は「障害」という深刻なダメージを子どもにもたらすのだと知って、驚きだった。心の傷に軟膏《なんこう》を塗れば一件落着という、これまでの自分の甘い認識が崩れ、立ちすくむような思いだった。

何よりも驚いたのは、虐待は脳全体の成長に物理的に影響を及ぼすということだ。それが脳画像診断によって明確に確認されると聞いた時には、耳を疑った。

確かに、いつ殴られるかわからないサバイバル環境下では、脳が健全に発達できるわけがない。警戒警報が鳴りっぱなしの極度の緊張状態や、夜に安心して寝ていられないという中では、脳がすくすく育つことができるはずがない。

そのメカニズムについて、杉山医師は著書『発達障害のいま』でこう述べる。

「進化論的に考えてみると、子どもが愛着形成に大きな問題を生じる環境とは、サバイバルが厳しい、過酷なものである。すると共感性など発達させていては生き残っていけない。そこで、おそらくホルモン動態などの変化によるエピジェネティクス（遺伝子の配列を変えずに遺伝情報の活性に変化を引き起こす過程）が生じ、いくつかの遺伝子のスイッチが入って、脳の器質的な変化が生じるのであろう」

子どもへの虐待そのものが、子どもの脳に器質的な変化を与え、広範な育ちの障害をもたらし、発達障害と言わざるを得ない状態を作り出す――。虐待とはどれだけ残酷で過酷な結果をもたらすのだろう。

雅人くんは次第に「キノシタさんは……」と、実母のことを友紀さんに話すようになってきた。それも何気ない普通の話の中で、突然、その場面に戻ってしまったかのように一コマ一コマ、壊れたラジオのように断片的に話し出す。

この頃には雅人くんは友紀さんを「お母さん」、実母を「キノシタさん」と呼ぶようになっていたのである。

たとえば、唐揚げを揚げている時。

「お母さん、何をやってんの?」

「唐揚げを作っているんだよ」

「唐揚げは、『スーパーこいけ』で買ってくるもんじゃないのか」

そう言うものだから、友紀さんは敢えてこう言った。

「唐揚げはうちで作るもん。昔からそう、決まっている」

「キノシタさんは『スーパーこいけ』で買ってきて、俺が一個で、かおりちゃんが三個で、キノシタさんが一個。でも俺は半分、あゆみに分けてやった」

雅人くんの母は、姉のかおりちゃんを特別に扱っていた。雅人くんが持ってきたおもちゃのほとんどが、「きのしたかおり」という名前のものであり、「かおり」を消して、「まさと」と書いてあるものもあった。


「俺が一個で……とか、そういう女々しい話を延々、まさには聞かされたね。ごはんを食べさせてもらっていなかったってことを、とにかく言い続けた」

あるいは突然、コマ送りのように過去の場面を描写する。

「かおりちゃんが俺の髪の毛を引っ張って、俺もかおりちゃんの髪の毛を引っ張って、キノシタさんが『やめなさい！』って言った」

突然、過去が横すべりしてきたかのように、なんの抑揚もなく一コマ一コマを描写する。

「キノシタさんが、鍋《なべ》に俺の手をつけて、『アツイだろう』ってやった。俺の手を焼いた後、キノシタさんは『ごめんねー』って自分の手も焼いた。キノシタさんが泣いて謝ったから、俺は許した」

雅人くんを車に乗せて、買い物に行った時のこと。ちょうど雅人くんがかつて住んでいた街を通った。その時、ファミリーレストランを指さして抑揚なく話し始めた。

「キノシタさんとごはんを食べに行った時、俺が言うことをきかないから、キノシタさんから割り箸で目を刺された。それで病院に行って、キノシタさんは泣きながら俺に、セブン-イレブンで（機関車）トーマスのチョロQを買ってくれた。だからこのチョロQには、『まさと』って俺の名前が書いてある」

その影響なのか、雅人くんは片方の視力が相当に低い。

友紀さんは「これが、虐待の後遺症なのか」と思い知らされたことが何度かある。最も大きな嵐が来たのは、雅人くんが小学一年生の春休みのときだった。

「なんだろう、物への執着がすごくあって、思いがかなわなかった時に、自暴自棄になって、すべてをゼロにしちゃうんだよね」

友紀さんはつくづく、このことを思う。

きっかけは、蟻《あり》だった。雅人くんにとって一番大事なおもちゃ箱の中に蟻が入ってきたのだ。

「物を捨てられないものだから、おもちゃ箱の中に、食べたお菓子のカップも入れておいたんだね。まだ春先だったのに、蟻がおもちゃにたかってきたの」

雅人くんは怒った。蟻が許せない。蟻がニクイ。

「うわー、ぐわー」と怒って、のた打ち回ってぐらんぐらんと暴れる。友紀さん曰く、一気に「とち狂った」。

「洗えば、きれいになって使えるから大丈夫」

友紀さんが声をかけても、ぐわーっと叫ぶだけ。押さえつけても、ものすごい力で暴れるだけなのでしばらく放っておいた。

「うわーってのた打ち回って、それからおもちゃを一個、一個、ぶつぶつ言いながら、ごみ箱に捨てたの。もう、すべてがゼロなんだね。ゼロにしてしまいたいっていうのか……」

当時高校生の長男が叫び声に気づいて、階下に降りてきた。

「おかん、なんで、まさとにあんなことさせとくのか」

「手が付けられない時は、もう、ほっとけばいいわ」

友紀さんがこう言った瞬間、雅人くんのスイッチがいきなり切り替わった。台所に走って行って、引き出しからステーキナイフを取り出した。

「死ぬらしいわ。死んだ方がいいわ。死ぬらしいわ。死んだ方がいらしいわ。もう、俺は死んだ方がいいんだー」

雅人くんはナイフを手に持って、一人で叫ぶ。

「まさと、なんで、そんなことで、死んだ方がいいって言うんだ？」

「だって、お母さんがほっとけばって……。お兄ちゃんも、ユミちゃんも……」

何もかも支離滅裂だった。雅人くんは興奮したまま、次男の健太くんがプレイ中のDSを取り上げて放り投げた。その瞬間、温厚な健太くんが切れた。

「ばかやろう！」

大声で怒鳴られた瞬間、雅人くんは「キャー」と叫んで家を飛び出して行った。

「でもね、逃げる様子を見ていると、もう正気に戻っていたというか、遠くまでは行かないの。私たちが探している姿を見つけては隠れてと、こっちの様子をうかがっていたからね」

友紀さんや裕美ちゃん、お兄ちゃんたちにやさしく諭されて家に戻った雅人くんは、「カーテンのお部屋」に入り、しばらくカーテンにくるまっていた。

これも、愛着という基盤がないからだったのだろう。

守られている体験、我慢したら褒められる体験があれば、自分で自分をなだめることができる。そうやって人は苦しいことがあった時に「よしよし、しょうがないよ」と自分を慰め、乗り越える。親に「よしよし」とされてきたことがない場合、苦しいこと、耐え難いことはバーンと外に出してしまうほかない。

思い通りにならないと全部をゼロにしてしまう雅人くんの反応もまた、ちゃんと守ってもらった、ちゃんと育ててもらった体験がなかった証《あかし》なのだ。

友紀さんによれば、雅人くんはなぜか、桜の季節になると不安定になるという。それでもだんだん、振り幅が小さくなり、今では「嵐」もずいぶん回避できるようになってきている。

友紀さんには、主治医から言われた言葉が忘れられない。

「五歳までに受けた傷であれば、意識の中ですり替えることができます。まさとくんに楽しい思い出をこれから一緒に作ってあげて、大きくなった時に、『あの時、沢井さんと楽しかったね』と、たくさん言えるようにしてあげてください」

それを聞いた時、友紀さんは涙が出たという。

「こんなに面倒くさい人は初めてだったけど、お勉強させてもらったし、あたしは、まさがかわいいよ」

雅人くんは保育園の時からずっと、「俺が妹のあゆみを守る」と言い続けてきた。歩美ちゃんの「保護者」として、雅人くんはずっと生きてきたのだ。

「俺の将来の夢は、大人になったら、あゆみを守らないかんで、あゆみと一緒に暮らすこと」

それがいいことなのか、どうなのか。小学三年の時、雅人くんに好きな女の子ができたのを機に、友紀さんは雅人くんにこう言ってみた。

「あんたさぁ、あゆみと一緒に暮らすっていっても、あゆみよりかわいい子ができたらどうするの？　あゆみがいたら、ハグとかチューとかできんよなぁ」

すると雅人くんは「どうしよう、どうしよう」と頭を抱えて必死に悩み出した。歩美ちゃんの「保護者」という年不相応の行動は、「妹を守るのは俺だけだ。大人は信用できない」という極度の警戒や不信感を表していたのだろう。今、雅人くんには沢井家という「安全な港」ができた。そのことでようやく、普通の子どものように、好きな子とハグしたりチューできる未来を思い描けるようになってきたのだ。

とはいえ、つい先日のこと。お湯が沸いた鍋をガスコンロから脇へ置いた時、たまま台所にいた雅人くんの目の前に、ガスの炎が立ち上る格好となった。炎を見たその瞬間、雅人くんは立ったまま、フリーズした。

「目の焦点は合わないし、固まっているの。いつも台所ではものすごく気を付けていたのに、あの時はちょっとバタバタしてたんだよね。ほんと、悪かったわ。だけど、ああ、まだまだだって思ったね」と友紀さん。

友紀さんは、歩美ちゃんから聞いたことを思い出した。

「お兄ちゃんは、お母さんにガスの火で手を焼かれたよ」

だが、雅人くんにこの記憶はない。いくら聞いても、わからないというばかり。だけど、やっぱりそうだったのか。だからガスの火に、あれほど恐怖を覚えたのか。

友紀さんは「ごめんね、ごめんね」と、雅人くんの身体を揺すって強く抱き締めた。揺さぶられることでふっと我に返った雅人くんは、そのまま、友紀さんの腕の中でわんわんと大声で泣き出した。

「まさ、ごめんね、ごめんね。お母さんが悪かったよ。もう大丈夫、心配ないよ」

ああ、まだこの子の心には、何かの拍子に傷口がぱっくり開く深い傷が残っているのだ。

だからこそ、たくさんの楽しい思い出とすり替えてあげたいと友紀さんは思う。

「苦労してきた子が、やっとここに辿《たど》りついてくれたのだから、お互いに気持ちよく暮らしていきたい。まさとにしてもほかの子にしても、私の匂いやごはんの味を覚えていてくれれば、それだけで私は幸せだから」

沢井家に来た時はふりかけごはんにカレーと唐揚げしか食べられなかった雅人くんが、朝の味噌汁をおいしそうにゴクゴク飲む。「餃子《ギョーザ》なんか、いちいち解体して、中身を全部並べて確認していた子」が、今では友紀さんが作るいろいろなごはんやおかずをパクパク食べる。

私が沢井家に滞在していた一泊二日、一緒に食卓を囲んだりちょっと話しただけで、どっぷり遊ぶことはなかったけれど、帰り際、雅人くんは玄関にいる私に近寄ってきて、目を見てはっきりとこう言った。カサカサのハスキーな声で、しっかりと、確認するかのように。

「また、来てね」

第二章

拓海

——「大人になるって、つらいことだろう」

「ねえ、おきて。あさだよ」

幼稚園年中児の彩加《あやか》ちゃんが、私の肩を揺する。飛び起きて周囲を見渡せば、昨夜、みんなで雑魚《ざこ》寝《ね》したはずの十二畳の和室は、もぬけの殻。

え？　もしかして、私とあやちゃんだけ？

いや、隣には幼稚園年長児の聡《さとし》くんが私にぴったりとくっついてすやすや眠っている。

幼子のやわらかさが心地よく、つい、寝坊してしまった。

「サトシくん、起きよう。みんな、もう、とっくに起きてるよ」

三人で一階のリビングに降りていくと、小学生も中学生も身支度を整え、大きな長方形のダイニングテーブルに座り、朝ごはんの真っ最中。テレビが朝のニュースを流していた。

ファミリーホーム「希望の家」の朝の光景だった。

閑静な住宅街の一角にある二階建ての家で、ちょっと慌ただしい朝が始まっていた。朝食を食べ、忘れ物がないように確認して、遅刻しないように家を出て……と、お隣でもそのお隣の家でも、当たり前に繰り広げられる朝の光景だった。

前日の午後、初めてこの家の玄関に立った時、「普通の家」そのものの外観に一瞬、戸惑ってしまったことを思い出す。ファミリーホームとは親元で暮らせない子どもたちを養育する「事業所」という予備知識があったせいか、勝手に描いていたイメージは施設を小さくしたようなもの。戸惑いのもとは、このギャップだった。一戸建ての家が発する匂《にお》いや雰囲気は、友人の家を訪ねたときに感じるような家庭そのものだった。

とはいえ、呼び鈴の下には「ファミリーホーム『希望の家』」という手作りの表札が掲げられ、ここが社会的養護を担う「ファミリーホーム」として、地域に向けて開かれた場所であることをきちんと示していた。玄関周りに置かれたいくつもの自転車や三輪車、外遊びの道具などが子だくさんの家であることを物語る。

「さあ、入って。子どもたちはまだ、学校だけどね」

この家の「ママ」である高橋朋子《たかはしともこ》さんに迎えられ、扉の内側に入った瞬間、女の子や男の子のさまざまな靴がひしめく靴箱がまず目に入り、ああ、これだけの子どもたちがここで生活をしているのだという実感が一つ、形となって胸に落ちた。

「社会的養護」という言葉を使ったが、要保護児童を取り巻く世界では当たり前に使われるこの言葉は、一般社会ではほとんど馴染《なじ》みがない。これほど落差を感じる言葉はないのではないか。私自身、改めて調べてみるまで「社会的養護」という意味をよく知らなかった。

今回の取材は病院という治療施設以外はすべて、「社会的養護」の場を訪ね歩く旅となった。一般に子どもは両親などの「保護者」によって育てられるものだが、なんらかの事情により家庭で子どもが育てられない場合、国や地方公共団体が家庭に代わって子どもを養育する責任がある。これが「社会的養護」で、里親などの「家庭養護」と、児童養護施設や乳児院などの「施設養護」、地域小規模児童養護施設や小規模グループケアなどの「家庭的養護」の三種に分かれ、ファミリーホームは里親と同様に「家庭養護」を担っている。

国は将来、この三種を三分の一ずつに持っていきたい方針だが、現状としては「施設養護」が他を圧倒している。二〇一三年十月一日時点で、対象児童約四万六千人のうち、児童養護施設で約二万九千人、乳児院に約三千人、情緒障害児短期治療施設などのその他の施設に約九千人と、約九割が「施設養護」の場で暮らしているのだ。

実際、子どもたちはどのような理由で、社会的養護の場で育つことになるのか。二〇一三年二月一日に行われた「児童養護施設入所児童等調査結果」（厚生労働省）によれば、養護施設児の場合、両親の虐待・酷使が一八・一％、両親の放任・怠惰が一四・七％、両親の精神疾患等が一二・三％、両親の就労が五・八％、破産などの経済的理由が五・九％、両親の行方不明が四・三％と、それぞれ個別にさまざまな事情があってのことだろうが、数字だけを見ていると親の身勝手さに目を覆いたくなる。

ファミリーホーム「希望の家」は、四十代後半の朋子さんと義雄《よしお》さん夫妻が三人の実子を育て上げた家で、幼稚園から中学生までの背景も年齢も性別も違う六人の子どもたちを、「養育者」となって育てている。それぞれが虐待の後遺症やさまざまな生きる困難を背負って、この家に辿《たど》りついた子たちだった。

始まりは二〇〇六年、「一時的に養育困難」という三歳の男の子を預かったところからだった。ほどなく「一時的」どころか、その子には深刻な虐待の影響があることが判明し、彼が高橋家にとっての最初の里子となった。同時に高橋さん夫妻にとっても、「里親」としての人生がスタートした。

「里親」というと養子縁組を希望するものと思われがちだが、最近になって養子縁組を目的としない「養育里親」も増えてきている。

全国に里親がどれだけいるのかというと、厚生労働省によれば、二〇一三年三月末時点で九千三百九十二世帯が登録されており、実際に子どもが委託されているのは三千四百八十七世帯。ここで、四千五百七十八人の子どもが暮らしている。

高橋家の場合、委託される子どもが一人増え、二人増えしていく中、二〇〇九年に「ファミリーホーム」制度が新設されたのを受けて、翌年の春にファミリーホームとして養育事業を行う事業者となった。

前述したように、ファミリーホームは二〇一三年十月一日時点で全国に二百十八か所あり、八百二十九人の子どもの生活の場となっている。

「おはよう。朝ごはん、何、食べる？」

彩加ちゃんと聡くんと一緒に、「おはよう」とみんなに声をかけた途端、朋子さんからこう声をかけられた。

これが、「希望の家」で毎朝、ママから発せられる朝一番の声かけだった。

えっ？　と戸惑う私を尻目に、着替えを終えて二階の自室から降りてきた小学五年の拓海《たくみ》くんが即答する。

「ママ、僕、カレーがいい。アヤは？」

「うん、わかった。アヤは？」

「コーンフレーク。アンパンマンジュース」

「うーん、アヤちゃん。ジュースはあとにしようか。野菜のスープ、飲む？」

どうやら一人一人、メニューが違うようだ。

「祥子さんは何にする？　ごはんなら納豆、卵、ふりかけ、今日はカレーもあるよ。パンにはチーズでもジャムでも。目玉焼きを焼こうか。スープは、コーンか野菜ポタージュ。コーヒーも紅茶もあるから……」

朋子さんに説明された多彩なメニューに、うろたえてしまう。

テーブルには、さまざまな朝ごはんが並んでいた。小学三年の晃《あきら》くん——彼が最初の里子だ——はデニッシュパンにミルク、同じ小学三年の遥《はるか》ちゃんは、ごはんにハンバーグ。パパの義雄さんはごはんと目玉焼き、そして納豆。テーブルには昨夜の夕食で残ったおかずやお新香が並び、牛乳や野菜ジュース、乳酸飲料の紙パックも置かれ、朝からとても賑《にぎ》やかな食卓だ。

「じゃあ、私、スープとパンをいただきます」

顆粒のスープの素をお湯で溶いてテーブルに着くと、朋子さんがトーストと目玉焼きをさっと目の前に出してくれた。

「アヤ、ふざけないで。ちゃんと、座って食べてよ」

バタートーストをかじっていた中学二年生の美由紀《みゆき》ちゃんが、椅子の間を歩き回る彩加ちゃんを注意する。彩加ちゃんは、朝はあまり食欲がないのだろうか。ほかの子はみな黙々と食事に集中しているのに。違う狙いがあると見た朋子さんが一言。

「アヤちゃん。お菓子は、ちゃんとごはんを食べてからだよ」

見透かされていることに慌てた彩加ちゃんが、さっと席に着く。

「ママ。今度は僕、納豆にしていい？」

拓海くんはカレーを平らげ、二杯目は納豆ごはんだ。ドラえもんのようなたくましい体型は、この旺盛《おうせい》な食欲ゆえか。朝から、とても頼もしい。いや、華奢《きゃしゃ》な遥ちゃんだって、ハンバーグをペロリと食べ、昆布の佃煮《つくだに》でおいしそうにごはんをパクパク食べている。朋子さんが自分用に昆布の佃煮をのせたチーズトーストを作れば、遥ちゃんがそっと小さな声でお願いする。

「ママ、次、あたしもそれがいい」

「うん、いいよ。そのごはんを食べ終わったら作ろうね」

幼稚園年長の聡くんが選んだ朝食は、トーストしたイングリッシュマフィンに、目玉焼きをのせたもの。ちょっとかじっただけでトイレに駆け込み、トイレから出ればテレビの前でカードを取り出して遊び出す。

「サトシ、ごはんは？」

聡くんを見かねて、子どもたちが声をかける。すると、逆切れ。

「お腹《なか》が痛いんだ！」

この一言で、義雄さんがすっと立ち上がる。

「おい、サトシ。おまえ、ちょっと、来い。みんながおまえを思って声をかけてくれているのに、怒るのはおかしいだろ」

聡くんはお父さんの声にびくっとし、ごめんなさいと謝って食卓に戻る。

「ほら、薬も忘れないで」

美由紀ちゃん、拓海くん、晃くん、遥ちゃん、聡くん、彩加ちゃんと、高橋家の子どもたちはみな、児童精神科の薬を服用している。ここが「普通の」家庭とは違うところだ。一人一人異なる薬をどの子もきっちり飲んでいるか、朋子さんは確認をする。

幼稚園児たちがのんびりと朝食を食べている傍らで、小学生たちはランドセルを確認し、七時四十分には一斉に家を飛び出していく。家の前が集団登校の待ち合わせ場所になっているが、ほかの子を待たせないように、全員が時間前にきっちり家を出るのだ。

「行ってきまーす！」

みんな「高橋さんちの子ども」として、「高橋」という姓を名乗り、それぞれの場所へと向かっていく。高橋家の小学生三人をまとめているのは、年長の拓海くん。車が来るところにふざけて出て行かないよう、ちゃんと気を配っている。

小中学生が一斉にいなくなり、義雄さんも出勤し、かなり人口密度が低くなったテーブルで食後のコーヒーを飲みながら、朋子さんがふっと笑う。

「ふう、みんな、無事に行ったね。あとはこのおチビたちだけだね。この子たちは九時に、幼稚園バスがお迎えに来るの」

それまでに昨夜、子どもたちが寝た後で室内に干した山のような洗濯物を畳み、一人一人に分類し、そして今、回っている洗濯機から出てくる新たな洗濯物を干すという作業がある。

台所のシンクには朝食を終えただけなのに、洗い物が山積みだ。食器を洗っている私のお尻に、彩加ちゃんがぺったりくっついてきて訴える。

「ねえ、遊ぼう、遊ぼう。一緒にお外に行こうよ」

「あとでね、アヤちゃん。今、これをやってるからね」

一度は引き下がっても、またやってきて再度のおねだり。だから彩加ちゃんはまた、朋子さんから叱《しか》られる。

「アヤちゃん、わがまま言わないの。祥子さんは今、お茶碗《ちゃわん》を洗ってくれているでしょう」

こう言う朋子さんは幼稚園の園服を出して、聡くんに着替えを促しながら、持ち物をチェックし、連絡帳を認《したた》める。

洗濯物をすべて外に干し終えて、ホッとひと息つけるのは、子どもたち全員が出て行ったあとだった。

この高橋家独特の朝ごはん――〝朝食セルフ制〟は、児童養護施設から来た子どもたちの様子を見て、数年前に導入したという。

児童養護施設は、保護者のいない児童や虐待されている児童の大半が暮らしている場所だ。二〇一三年十月一日時点で全国に五百九十五か所設置されている。

対象は一歳から十八歳未満で、必要があれば〇歳から二十歳《はたち》未満まで入所可能、平均在籍期間は四・六年だが、十二年以上と、子ども時代のほとんどを施設で過ごす子も少なくない。高橋家では美由紀ちゃんと拓海くんが養護施設から、彩加ちゃんが乳児院から「措置変更」となって来た。

「施設にいる間は、三食とも給食でしょう。学校はもちろん給食だし、施設の食事は右から左に、配膳《はいぜん》されたものをただ食べるだけ。『あれが食べたい』という自分の気持ちは、何も反映されない。彼らは自分の意思を伝えて、それがかなったという経験がないの。だって、わが家に来たことだって、彼らの意思じゃないんだもの」

たとえば施設から来た子たちに、「遊んでいいよ」と言っても、「何をすればいいの？」。自分で服を選ぶことができずに、「ママ、選んで」。

里親になってから知った、そんな子どもたちの姿が悲しかったと朋子さんは言う。

「この子たちが将来のビジョンも持てず、学習意欲も持てないのは当たり前だって思ったんです。自己決定の喜びも、自己決定による責任も知らないため、逆にうまくいかないと、よそに責任転嫁をしてしまい、怒りを向けてしまう」

彼らに自分の人生を自分で決める喜びを知ってほしい。朋子さんが彼らを引き取って以来、心から願うことだった。

だから、朝食をセレクト制にした。昼食はそれぞれが幼稚園や学校での給食となる。夕食は栄養面を考えると難しい、でも朝食ならなんとかなる。

「施設で育った子に、自分で選ぶこと、選ぶ喜びを知ってほしい。そして選んだ以上、自分の責任だから残さず食べようねっていう、声かけなんです」

高橋家の最も新しい子どもが、前年の八月、児童養護施設からやってきた拓海くんだ。

きっかけは、担当の児童福祉司からの電話だった。

「今、小学四年の男の子ですが、二歳からずっと養護施設にいるんです。今年になって姉は里親宅に引き取られたのですが、彼の行き先はなくて。ただ、私は彼に家庭を知ってほしいんです。高橋さんのところで引き取ってもらえないでしょうか」

拓海くんは二歳の時、姉と一緒に「母親の養育困難」ということで保護され、児童養護施設に入所した。母親は夫のDVから逃げた後、「子どもがいると、働けない」と児童相談所に子どもを預けたが、半年後には別の男性と同棲《どうせい》、あっという間に弟と妹が生まれ、その男性と籍を入れて親子四人で暮らしている。

拓海くんと姉は養護施設に置かれたままだった。しかも施設では男子と女子の生活圏が分断されているので、姉に対してきょうだいと思える感覚も持てずに成長した。

電話を受けた時、朋子さんの心は決まっていた。

「今、小四だということは、その子が家庭を体験できるラストチャンスかもしれない。まだ小学生なのだから、うちに移動しても柔軟に対応できる」

しかし、まさか引き取るまでに施設との「闘い」があるとは、この時、朋子さんには思いもよらなかった。児童福祉司も施設から高橋家へ移動させるという方針で動いているのに、施設側の動きが芳しくない。

「実親の家庭なら戻すのだけれど……」と、今回の措置変更に施設側が否定的な考えでいることを知り、朋子さんはこちらの態勢の不備を心配しているのではと、児童福祉司と共に施設に説明に出かけた。施設の主任指導員は「この子は外には出さない、高橋家へは引き渡さない」の一点張り。

「実親の家庭なら戻しますけどね……。里親には出しませんよ。しかもこの子は暴力をふるうし、知的にも問題があるし、普通の家庭で育てられる子どもではありません」

朋子さんは施設側の不安を払拭《ふっしょく》するよう、説明を続けた。

「うちはほとんどの子が愛着障害を抱え、感情のコントロールが下手《へた》で、学習面に大きな問題を抱えてやってきています。でもみんな、ちゃんと成長しています。だから大丈夫です」

それにしても、この応接間の汚さは一体、何なのだろう。

話しながらも朋子さんは、応接間のあまりの汚さに混乱せざるを得なかった。

応接間ですらこうなのだから、子どもたちの居室は一体、どうなっているんだろう……。

やがて、「本人を呼んできます」ということで、拓海くんがやってきた。

まるで、オランウータンの子どものよう。目の前のソファに背中から背面跳びをするように飛び乗ってきた。驚く朋子さんに、主任指導員が一言。

「すみませんねー。うちはのびのび育てているものですから」

はっ？　何がのびのびだよ、と内心で思う。

とにかく拓海くんは、じっと座っていられない。

朋子さんは拓海くんに向かってお話をした。

「たくみくん、あのね、ここよりももっともっと小さなお家《うち》に住んで、お母さんもお父さんもいて、みんなと一緒に学校へ行くんだよ」

すっと、主任指導員が割り込んでくる。

「本人が望めば出しますが、家庭を知らない子ですから、家庭と言ったところで魅力なんかないと思います」

朋子さんは、拓海くんにこう言ってみた。

「ためしに、遊びに来てみない？　それで、みんなと一緒に遊園地へ行く？」

「行きたい」

拓海くんは確かに、そう言った。

「じゃあ、今度の週末に行こうね。前の日にお迎えに来るから、お泊まりにおいでね」

おそらく施設側にとっては極めて不本意な流れとなった。しかし児童福祉司も見ているところで、本人が明確に意思表示をしたのだ。施設がこれを拒む理由はどこにもない。「家庭を知らない子」――施設側が言う通り、拓海くんには二歳で保護されるまでの家庭の記憶はない。母親からの虐待を覚えていないことが幸せなのかどうかはともかく、「愛着」という基盤のないまま施設で成長してきた子だった。

高橋家に初めて「お泊まり」に来た拓海くんは、朋子さん曰《いわ》く「挙動不審状態」だったという。キョロキョロ周りを見回し、そわそわと落ち着かない。

おそらく玄関の内側に入ったところから、拓海くんにとってはすべてが未知の世界だったのだろう。目の前には広々とした、清潔なリビングダイニングが広がる。ここが、家族のみんながくつろぐ場所だ。中央にあるテーブルの奥の方、窓の前には魚の水槽やインコの鳥かごがある。飼い猫や飼い犬をその目で見ることも初めてだった。トイレには、子どもたちの絵やみんなが笑っている写真がきれいな額縁に入れて飾ってある。レースのカーテンにピンクのドア、飾られた花……。柔らかな色彩の装飾品も初めてだったろう。

何よりも、台所だ。冷蔵庫があって、ガスレンジがある。施設にいれば、調理されたものが食堂に運ばれてくるだけだ。ジュウジュウと肉が焼ける音も、ガスの火を使って料理が出来上がることも、料理をする場所が日常生活にあることも初めて経験するものだった。

包丁でキャベツを刻むトントンという音も、初めてだった。ありとあらゆる生活音があふれる「家庭」に、拓海くんが挙動不審状態になったこともうなずける。ピンポンというチャイムも、電話の呼び出し音も施設には存在しない。

最も驚いたのが、「匂い」だったという。

二階にある晃くんの部屋で遊んでいた拓海くんは、階下の台所から立ち上るハンバーグが焼ける匂いに、「これは、なんだ。このいい匂いはなんなんだ！」と、慌てて一階に降りてきた。台所にやってきた拓海くんは匂いだけでなく、ガスコンロにかかる味噌汁の鍋《なべ》からのぼる湯気にもたじろいだ。

「この白い、もやもやはなんなんだ！」

施設で暮らしている限り、生活空間に湯気が立ち上ることはなく、ごはんが炊ける匂いや肉が焼ける香ばしい香りが部屋に充満することもない。

高橋家でハンバーグを焼くとなると、テーブル中央に大きなホットプレートがセットされる。二キロほどのひき肉に、卵は五個から六個、玉ねぎは七、八個というのが、高橋家特製ハンバーグの材料だ。ホットプレート一面に二十個ほどのハンバーグが並べられ、これを一度に焼きあげ、そうやって少なくとも五十個ほどが出来上がる。

朋子さんは子どもたちの学習や遊びを見てくれる補助員たちを含め、全員がお腹いっぱいになるようにたっぷりの量を用意する。補助員のほとんどは、親元を離れている大学生たちなのだ。高橋家の夕食は、十人以上で食卓を囲むのが、いつものことだった。

子どもが食べやすい大きさの、ちょっと小ぶりのぷりっと厚みのあるハンバーグ。ナンバーワン人気メニューだが、ハンバーグソースは敢《あ》えて作らない。好き嫌いの多い子どもたちを考えて、それぞれがソース、トマトケチャップ、マヨネーズ、ポン酢＋大根おろしなどを選べるようにというのが、朋子さんの配慮だった。

たっぷりの千切りキャベツに、野菜炒《やさいいた》めなども用意する。だが、食卓に野菜ジュースを置いておくのも、野菜嫌いの子への気遣いゆえだ。好き嫌いなくなんでも食べられるようにしていきたいが、偏食で育ってきた子たちなので、どうしても時間がかかるのだ。

拓海くんは、いくつでもハンバーグが食べられることに、飛び上がるほど驚いた。

「お代わりしていいのか？　俺、掃除してないんだぞ」

拓海くんが育った施設では、「お代わり」は何かの報酬として与えられる特権のようだった。

次に、自分より年下の晃くんにこう聞いた。

「これは、今度、いつ出るんだ？　今度、これが出る日に、俺、また来ていいか」

「そんなの、ママに言えば、明日でも、いつでも作ってくれるよ」

「そうなのか」

これが拓海くんの「おうち」体験だった。

みんなで一つのテーブルを囲み、いろいろ話しながら、笑って食事をすることもきっと初めてだったに違いない。

そして夜。高橋家には実子が使っていた三つの子ども部屋が二階にあり、一階に二室の個室がある。ベッドがある一階の部屋が一つ空いていたので、拓海くんに「ここを、自由に使っていいからね」と個室を与えた。幼稚園や小学校低学年なら朋子さんたちと一緒に寝ることも考えたが、もう四年生だ。

しかし「眠れない」と言って、拓海くんは何度も起きてきた。

「ベッドの下に誰かがいる。誰かがいるから眠れない」

部屋まで行って、一緒にベッドの下を確認した。

「ほら、たくみくん。下には誰もいないよ。大丈夫だから。安心していいんだよ」

朋子さんは、拓海くんが何かに怯《おび》えていることに気がついた。

翌日、みんなで遊園地に行った。

「希望の家」の補助員の一人である健人《けんと》くんと一緒に、拓海くんはいろいろなアトラクションに乗った。そして遊園地の券を指さして、健人くんに言った。

「これは、いくらだ？　俺、一年かけてお金を貯《た》めるから、またここに連れてきてくれるか」

「ばかだなぁ。おまえ、このうちに来れば、どこだろうが、お金なんか払わなくても連れてってもらえるんだよ」

拓海くんは急にうわーっと泣き出し、健人くんは戸惑ってしまう。

高橋家の子どもたちにはどこかへ出かけるたびに、「思い出に一つ、何か買っていいよ」というお約束がある。目安は大体、千円前後。拓海くんにも同じことを伝えたその瞬間、「ほんとか！」とぱっと笑顔が輝いた。

「これ、買っていいのか。これを買うと、これぐらい余るから……」

拓海くんは何度も、「買っていい？」と持ってきては、なぜか戻すということを繰り返す。

「これ、買っていい？」

「いいよ」

「だけど、これを持って帰ったら、俺は怒られるんだ」

施設に持って帰れないということが、拓海くんの悩みだった。

「それならさ、このうちへ置いておけばいいじゃん。どうせ、お引っ越ししてくるんだし。朋子さんもいいって言ってるんだし」

拓海くんは、健人くんの言葉にまたうわーっと泣き出した。そして今度は悲しい理由を泣きながら話し出した。

「先生は『お泊まりはいいけど、お引っ越しは絶対にだめだ、おまえはお引っ越しできない』って言ってる。俺は、お引っ越しはできないんだ」

拓海くんは泣き続けた。

「お泊まりはお母さんの目の前で行きたいって言ったからしょうがないって。でも、お引っ越しは絶対にだめなんだ」

朋子さんは怒りに震えて、児童福祉司に電話で抗議をした。

「本人が、施設側から引っ越しはだめだと厳重に言い含められている。本人、泣いています。これって、おかしいじゃないですか」

朋子さんの抗議を伝えた児童福祉司に対して、施設の答弁はこうだ。

「そんなこと、うちでは一切、言っていません。彼は知的障害がありますし、それに虚言癖がありますから」

この日はとにかく、拓海くんを施設に戻さざるを得なかった。だが児童福祉司も高橋さん夫妻も、このまま拓海くんを施設に置いておくつもりはなかった。実母に連絡を取ったところ、実母も高橋家への措置変更に同意した。もちろん、拓海くん自身も強く希望している。

こうした中、施設側だけがなぜか拓海くんの措置変更に抵抗し続けた。

「三か月ぐらい、（週末の）外泊を続けてからでもいいのでは？」

片道二時間もかかる場所まで、毎週、送迎しろと施設側は言う。無茶な話だった。何よりも朋子さんは、夏休み期間中に拓海くんを家に移したかった。二学期が始まる前に、地域に慣れておいた方がいいからだ。三か月も待っていたら、十月という中途半端な時期での転校となってしまう。

一向に埒《らち》があかない施設側の態度に、ベテランの児童福祉司は決断を下した。

「彼を施設内で緊急一時保護しましょう。それで施設から高橋さんのところへ移動させます」

朋子さんは、そうしてようやく高橋家にやってきた拓海くんにこう伝えた。

「もう、施設に戻らなくていいからね。たくみくんは、うちの子だからね」

前回のお泊まりと違い、朋子さんは拓海くんに「今日は一人のお部屋じゃなく、みんなと一緒に寝ようか」と声をかけてみた。拓海くんは、「みんなと一緒がいい」と言った。

高橋家に来て一週間、みんなと一緒に寝ていても、拓海くんは夜、眠ることができずにいた。何に怯えているのか、怯えて泣きじゃくる拓海くんの背中を、朋子さんは毎晩「大丈夫だよ、大丈夫だよ」とさすっていた。

そんな夜が続き、拓海くんは少しずつ、これまでの生活について話し出した。

「俺の部屋は四人部屋で、俺は二段ベッドの上なんだ。夜の一時に先生の最後の見回りが来て、それが終わると、あとは大人は誰も来ないから、寝てると、下の子にベッドから引きずり下ろされる。だから、夜は寝ちゃだめなんだ。寝たら、やられる」

夜は寝てはいけない生活なんて……。夜中の一時から恐怖の時間が始まるとは、無法地帯そのものではないか。最も神経を研ぎ澄まし、警戒警報を発令する時間帯が深夜ならば、いくら安全な場所に移動してきたとはいえ、眠れないのは当然だった。しかも拓海くんはこの家にやってきたというのに、「下に、誰かがいる」という恐怖で、ベッドの部屋では一人で眠ることができない。

来た日だったか翌日か、朋子さんは拓海くんにこう言った。

「友達と離れるのは、さびしかったね」

すると拓海くんは、キョトンとした。

「友達なんかいない。敵はいたけど。友達なんか、考えもしなかった。え？　ママ、あれが友達というものなのか？」

「友達」という言葉で、これほど困ってしまうとは、朋子さんには思いもよらないことだった。そして拓海くんはこう続けた。

「夜は本当に怖かった。明け方まで寝れないから、学校で眠くなるんだ。学校はよく眠れる」

完全な過覚醒《かかくせい》の状態で毎夜、過ごしていたのだ。いろいろなことが思い出されたのか、この日の拓海くんは饒舌《じょうぜつ》だった。

「先生がポイントを付けるんだ。何かあったら減点されて、買い物にも行けないし、ごはんのお代わりもできなくなる。先生に調子のいいことをするやつばっかりが得をする」

拓海くんの話で明らかになったのは、「ポイント」による支配だった。加点・減点の権限を持っている職員がポイントをちらつかせて子どもたちの行動を規制する。有無を言わせぬ、脅しに近い管理がされていた。

朋子さんは思わず、こう言った。

「それじゃあ、男の子は特に大変だよね」

男の子は女の子のように、職員の前で要領よく上手に振る舞うことも、媚《こ》びることも苦手だと思ったからだ。拓海くんは即答した。

「だから戦争になるんだ。やつらは俺たちを縛って、怒るんだ。俺がいる間に二回、戦争があった。中学生が計画を立てて、先生をぶっ飛ばすんだ。俺は中学生の命令でガラスを割ったし、女の保育士に突っこんで、その人を辞めさせた。小学生は中学生の決めた通りにやるんだ。バケツに水を入れたのを、先生にぶつけたり……。中学生の決めたところに隠れていて、合図があるとバーッと出て行くんだ」

拓海くんのいた施設は、年度内でもしょっちゅう職員が辞めることで里親仲間でも有名なところだった。

この子は、「戦場」で生きてきたのか。「事実」を話されると困るから、施設は子どもを外に出さないように策を弄《ろう》してきたのか。饒舌な拓海くんの横で、朋子さんは胸が締め付けられるような思いだった。なんて、不憫《ふびん》なのだろう。二歳から今まで、この子はそんな世界で生きてきたのだ。家庭にいられなくなったこともそうだ。施設でそんな生活を強いられてきたこともそうだ。すべては大人が作ったものの犠牲ではないか。

朋子さんのこんな思いが拓海くんの胸に沁《し》み渡ったのか、拓海くんは突然、ひっくひっくと泣き出した。

「ママ、大人になるってつらいことだろ。俺はもう、死んだ方がいい。大人になっても、どうせ俺はバカだから、お仕事はできないし、今、死んだ方がいい。大人になるって、つらいことだろう」

どっしりとした大きな男の子が身体《からだ》を震わせて、ボロボロと泣きじゃくる。まだ、たった小学四年生だというのに、なりたい夢もなく、高校にも行けない、仕事もできない……と泣いている。自分の前にそんな未来しか見えないのなら、それはもう、つらいに決まっている。

小学校四年生で死んだ方がいいと思うなんて、どんな生き方をしてきたのだろう。

「たくみくん、そんなことないよ。そんなこと、ないんだからね」

朋子さんは震える拓海くんの背中をさすって、話し続けた。

なぜ、この子にはそんな悲しい未来しか描けないのだろう。この子は一体、どのような環境で育ってきたのだろう。


とにかく、まず靴のにおいだ。それはすさまじいなんてものではなかった。

施設から高橋家へと措置変更となり、荷物を引き揚げ、「お引っ越し」してきた拓海くんが履いてきた靴のことだ。

小学校の中学年になればほとんどの子が履く紐靴《ひもぐつ》ではなく、甲についているマジックテープで留めるという、とても小学生が履くとは思えない、おじさんのような靴。一体、どれだけの期間を履き続ければ、それほどの悪臭を小学生の靴が放つのだろうと思うほどだった。

「もう、すごい臭いの。臭いなんてもんじゃない。玄関に置いておくと、家じゅうがとんでもないにおいで信じられないほど臭くなるの。穴が開いた靴で、一体、どれだけ履いてるんだろうって。でも、お泊まりの時は全然臭くなかったの」

その訳を本人に聞いてみると、「あれは、俺のじゃない」。

施設では「お泊まり」に行く子に履かせるための靴を、別枠で用意していたのだ。

そして、水虫。

「ウチに来て、足をパンパン叩《たた》いているのよ。『くそっ、また、足に穴が開いている』って。見たら、水虫なの」

拓海くんは「水虫」という言葉も知らなかった。そして朋子さんにこう説明した。

「あそこでは、みんな、足に穴が開くんだ。だから、叩くんだ。穴が開いたら、先生から足を叩けって言われるんだ」

もちろん、水虫は叩いても治らない。水虫が蔓延《まんえん》する環境に子どもがいて、処置は「叩かせる」という……。とても平成の子どもとは思えない。

皮膚科で処方された治療薬をつけて、だいぶよくなった頃、拓海くんの「足」は、とんでもない出来事を引き起こす。

拓海くんを引き取って一か月後、その年のファミリーホーム全国大会が、九州で行われた。高橋家では毎年、子どもたちとの旅行も兼ねて一家で出かけており、もちろん、その年も拓海くんをはじめ一家で九州へ行った。

一家が滞在した温泉地で、ドクターフィッシュを体験できるコーナーがあった。人の角質を餌《えさ》とする小魚たちで、足湯の要領で足を浸《つ》けているだけでピーリング効果やマッサージ効果などが期待できるという、人気コーナーだ。

「たくみが足を入れたら、うわーってものすごい勢いで、水槽中の魚が寄ってきて、たくみの足に群がるの。そしてどんどん、プワー、プワーッて死んだ魚が浮いてくるの」

一面に魚の死体が浮かぶ事態に管理者が驚き、浮いた魚を必死で掬《すく》う。一体、何が起きたのか。魚はつまり、栄養過多で死んだのか、それとも拓海くんの足に毒性でもあったのか。

「もう、子どもたちも大人もほんとに、びっくりしてねー。たくみの足って、どれだけなのか。だけどそれでもウチに来て一か月経ってるから、だいぶ、きれいになってるはずなんだよ。水虫も完治とまではいかないけど、かなり良くなっていたし……。みんなで今も時々、『魚、死んだもんなー』って、本人とも笑い話で言うけどね」

拓海くんは身体の洗い方も、頭の洗い方も知らなかった。

「お風呂に入っても、ただお湯で濡《ぬ》らして出てくるだけなの。施設では頭にお湯をかけて濡らして、タオルで拭《ふ》いて出れば、それで洗ったことになっていたみたい。洗えていないから頭は臭いし、身体だってそう」

朋子さんは、他の里親さんからも同じようなことを聞いた。これは男女ともに変わらない。女の子でも髪の毛が洗えず、ぼさぼさのままだと。

朋子さんは、補助員の学生にこうお願いをした。

「たくみと一緒にお風呂に入って、身体と頭の洗い方を教えてほしいの。でも小四だし、彼にもプライドがあるから『おまえ、洗えてないぞ』とは言えないでしょ。だから、

『男同士』のやり方で教えてほしい」

朋子さんは、メントール入りの男性用シャンプーを買ってきた。お風呂で「お兄ちゃん」は、こう誘った。

「たくみ、いいか。男はこれで頭をガッシガッシと洗うんだぞ。これが男のシャンプーなんだ。いいか、これをつけて頭をこうやるんだ。スカッとするぞ。ほら、おまえもやってみろ」

拓海くんは目を輝かす。

「そうか、男はこうやるのか」

両手で頭皮をごしごしと洗い出す。

「たくみ、どうだ。気持ちいいだろ、スカッとするだろ」

「うん。スカッとする！」

「それとな、足の裏はな、こうやって軽石でごしごしやるのが、男なんだぞ」

「わかった！　男はこうやるんだな」

これまで誰一人として、拓海くんにどう身体を洗うのかを教えてくれたことはなかったようだ。家庭なら、親がお風呂に入りながら一から教えていくものが、すぱっと抜け落ちていた。

朋子さんは「たくみは肛門《こうもん》の位置がわからない。だから、ウンチの後にお尻を拭けない」ことにも、ほどなく気づいた。

「身体の洗い方なら、施設によっては職員が教えてくれると思う。でも、お尻の拭き方はどうなんだろう。少なくとも、たくみのいた施設では教えてこなかった。だからウンチの後、たくみはちゃんと拭けない」

健人くんはじめ男性補助員たちが、拓海くんのプライドを尊重しながら徐々に教えていった。知らないままで、大人にするわけにはいかないからだ。

食卓でも、拓海くんには驚かされた。おやつのクリームパンを見た瞬間、拓海くんはみんなをかばって叫んだ。

「おまえら、これは食っちゃダメなんだ。施設で食ったやつはみんな、いつも腹を壊して、大変な目にあってたんだぞ」

だからいつも、ジャムパンを選んできたと拓海くんは説明した。朋子さんがやさしく話す。

「たくみさぁ、ママが大丈夫って言うんだから食べてごらん。お腹は絶対に壊さないから」

小さくちぎったクリームパンを、拓海くんの口に入れた。

「これは、なんだ？　あそこのはすっぱいんだぞ」

「これがクリームパンなの。クリームパンは甘いの。この黄色いクリームがおいしいの」

「ほんとだ。ウマイ！」

拓海くんには苦手な食べ物がいろいろあった。

たこ焼きパーティーは高橋家の一大イベントだが、いくら誘っても拓海くんは遠巻きに見ているだけ。理由ははっきりしていた。

「たこ焼きは大嫌いだ。あんなもん、食べれたもんじゃない」

ところが、ぶつ切りにした「たこ」を入れ始めた途端、たこ焼きプレートに近寄ってきて、叫んだ。

「たこだ！　たこを入れるのか！」

晃くんがにっこり笑う。

「だって、たこ焼きだもん」

「あそこのたこ焼きは、しょうがしか入ってなかったぞ！」

「母親」として拓海くんと接していると、朋子さんは衛生面や食事面だけでなく、身支度の面でも課題を感じた。

「彼が施設から持ってきた衣類は数枚のTシャツと、丸首の大人用の下着だけ。この下着だけは新品だった。でも小学生に限らず、男の子って夏、Tシャツの下に下着は着ないよね。彼のいた施設では風邪《かぜ》を引かれると困るから、夏でも下着を着せていたみたいなの。そしてTシャツをズボンの中に入れさせるの。お腹が冷えないようにって。でもそんな格好、イマドキの小学生、誰もしてないでしょ。異様なの、格好が。自分でコーディネートもできないし、その日の洋服を出してもらわないと、何をどう着ていいのかわからない」


ベルトコンベア式の生活の後遺症もいたるところで感じた。

まず、いくら呼びかけても返事がない。平気でスルーする。

「たとえばね、『ごはんだよ』って声をかけても、たくみは自分に言われているってことがわからなかったんだと思う。だから何も反応しないんだよね。『たくみさぁ、ママはたくみに言ってるんだよ』って背中越しに声をかけたら、ものすごくびっくりして振り返った」

家庭ではいつも、「あなた」や、「キミ」に向かって声をかける。ごはん、お風呂、寝なさいと。この当たり前のことが、施設での暮らししか知らない拓海くんには「驚き」だった。

「だって、考えてみれば施設では、不特定多数への声かけなんだよね。だから、自分だけに言われるってことはないの。しかもたくみのいたところは声かけどころか、ブザーだったんだって。ブーッとブザーが鳴るから、食堂に行って出されたものを食べて、ブーッと鳴るからお風呂に行く……」

　二歳から十歳まで施設にいたということは、これまで拓海くんは一度も、自分に向かって「ごはんだよ」と声をかけられたことすらなかったのだ。

　ブザーに従って配膳されたものを受け取ってという、意思や思考の欠片《かけら》すらない、ただのベルトコンベア。決められたルートに、ただ乗っているだけ。

「たくみさぁ、宿題をやっちゃったんだから、もう、好きなことしていいよ」

　だけど、拓海くんは「何」をしていいのかわからない。

「結局、『暇だー、暇だー』って、冬眠前の熊《くま》みたいにうろうろ歩いているだけなの。こっちが具体的に、『テレビ、観《み》る？』『ゲームをやれば？』といえば、『やる』ってなる。でも『マンガを読んだら？』だと、『何を読めばいい？』なの。『じゃあ、ポケモンは？』とか具体的に言わないと、自分で何をしていいのかわからないの」

　高橋家の子どもたちが通う学校では、小学校四年生の時に「自分の将来について」のアンケートが行われる。

　まずは、職業。パイロット、運転手、教師、医師、看護師、食べもの屋等、いろいろな職業が選択肢として並んでいる。

「彼はうちに来た当時、字が読めなかったの。だから、全部の職業を読み上げていったんだけれど、答えは『わからん』」

次は、どんな人になりたいか。「優しい人」「明るい人」「友達がたくさんいる人」などたくさんの項目があったが、「わからん」。

最後は、「尊敬する人」。親、先生、有名歌手やスポーツ選手などの多くの著名人の名前が書いてあったが、「わからん」。

「彼には見事に、何もないの。何一つ、イメージできるものを持っていなかった」

小学四年生で、自分の将来への足がかりとなるイメージ一つ、その欠片すら描けない。それはただ「生きてきた」「生かされてきた」だけと言わざるを得ないのではないか。

驚いたのは、流行《はや》りのアニメ番組もよく知らなかったことだ。施設にはもちろん、テレビはある。

「え？　って思って、たくみに聞いたら、『テレビのアニメも、何を観ていたかわからない』って。チャンネルの選択権はないし、自分で選べない。だからただ、訳がわからないまま、動く映像を眺めていただけ。アニメを観ていても、目なんかまるで死んだ魚だったたんだと思う」

小学生がテレビアニメの内容すら記憶にないとは！　アニメというファンタジーに没頭、あるいは逃避できる環境ではなかったということだ。

拓海くんには愛着障害があることを朋子さんが痛感したのが、ココアだ。

「みんながココアを飲んでいて、たくみが来て『それ、なんだ』ってなって、俺も飲むって言うから作ってあげたの。でも熱くて飲めないの。彼、猫舌っていうのもあるんだけど」

そしたら、彼、どうしたと思う？　と朋子さん。

そりゃあ、ふうふうでしょうと私。

「熱い！　無理だー、無理だー、飲みたいのに無理だー」

こう言って拓海くんは、えんえん泣き出したのだという。

「四年生だよ、彼。まるで二歳児でしょ？　熱いんだったら、氷を入れるとか、ふうふうして冷ますとか、冷めるまで待つとか、そういう解決法が彼にはまるでないの。すべてがゼロになっちゃうの」

第二章で見た雅人くんの、「蟻《あり》事件」を連想させる。朋子さんが続ける。

「ゲームもクリアできないとなると座り込んで、うわーっと泣き出すの。『やりたいのにできなーい。無理だー、無理だー。俺はもう、こんなもの、要《い》らないー』って大泣きだよ」

拓海くんの心の中に「愛着の対象」が存在し、愛着という基盤があったなら、困難に際し自分をなだめることができるのに、すべてを一気にゼロにしてしまうのは、愛着という人としての基盤が育っていない証《あか》しだった。施設で育った八年間、そこで出会った誰とも、拓海くんは愛着の関係を結ぶことはなかったのだ。

高橋家に来た当初、小四の拓海くんの学力は小学一年生レベルだったという。カタカナがわからない、漢字もダメ。

拓海くんには知的障害があるというので、療育手帳が交付されていた。しかし、大好きなカメについての知識はとても豊富でいろいろ教えてくれるその内容から、朋子さんは「この子に知的障害はない」と確信した。

拓海くんは高橋家に来てから眠れない日が続いたため、児童精神科医の診察を受け、きちんと眠れるように薬を飲むことにした。

そこで朋子さんは主治医に聞いてみた。

「この子、知的障害じゃないですよね？」

医師は明快に言った。

「うん。この子は知的障害じゃありません。単なる、経験不足」

ではなぜ、拓海くんは知的障害とされてきたのか。高橋家への措置変更の際、施設では「この子は知的障害があり、虚言癖がある」と言い張った。

拓海くんは小学一年という学校教育の入り口からずっと、特別支援学級に入っていた。

朋子さんはそのことに強い疑問を持った。

「通常は二年生まではなんとか普通学級で引っ張ってみて、それでもだめなら算数とか国語などを支援学級でやる。それ以外の体育などほかの教科は母体となっている普通学級でやっていくものなのですが、その施設では子どもたちを一年生から支援学級に入れてしまっているようなんです」

理由は「療育手帳を持っている知的障害児だから」。

手帳を取らせたのは、施設だった。児童相談所に「この子は知的に遅れがある」と子どもを連れて行き知能検査を行い、診断書を児童相談所や社会福祉事務所などに提出すれば、手帳は交付される。

ではなぜ、知的には問題のない子にそのような診断が下りるのか。それは検査そのものに問題があると朋子さんは指摘する。

「施設での暮らしで、いろんなことを投げ出しているような子たちだから、心理士が『これ、やれる?』と言っても、まず『そんなもん、やれない』となる。知能検査も一般常識を問うものが多くて、たとえば文房具の中に鏡を入れて、『どれが仲間外れ?』と聞かれたりする。でも、彼らは小学校に上がるまで自分の文房具を持たせてもらってないから、わからない。あるいは『テニスのラケットはどれ?』と聞かれても、彼らはそんなもの、見たことがない」

なぜ、わざわざ自分の施設の子どもたちに療育手帳を取らせるのだろう。理由はわからないが、何かのアリバイ作りのようにも思えてくる。勉強ができなくても粗暴であっても、障害のせいにしてしまえるような……。

朋子さんは、勉強への苦手意識を持ち、コンプレックスにとらわれている拓海くんを根気よく励ましていった。

「カタカナはね、彼はうちへ来てからポケモンが好きになったから『ポケモンの名前、書けるようにしようね』って、ポケモンをモチベーションにしたの。カタカナはよくわかっていないって本人は言うけれど、ポケモンの名前は結構、読んでいるの。聞くと大体は読めるけど、でも書くのがわからないって。じゃあ、書けるようにしていこうよって」

たとえば、まず「リザードン」。

「たくみ、すごいじゃない。書けるようになったよ」

朋子さんが褒めると、拓海くんは照れくさそうに笑う。

「俺は、バカだから……」

「でもさ、たくみは学校で先生が言っていることはわかるんだよね」

「うん。学校ではわかるけど、施設に帰るとわからなくなる。頭に雲がかかるんだ」

頭に雲がかかる――、本当にそう感じているのだと思った。それをそのまま、こうして表現できるのは素晴らしい。

「施設に、〝バカ・オーラ〟がかかってるから、そこに入るとダメなんじゃない？」

「そっかー、バカ・オーラかぁー。俺がバカなんじゃなくて、バカ・オーラがそこにかかっているのか。だから、みんな、バカなのか。俺がバカなんじゃないのか」

拓海くんは「バカ・オーラ」という言葉に、妙に納得した。

朋子さんには霧が晴れたように、はっきりわかった。

「学校で理解したことが施設に帰るとわからなくなるというのは、そこは戦場だから。自分の身を守らなければならないから、そこに全神経を研ぎ澄ます。だから、学習には雲がかかるんです」

誤解を避けるために強調したいのだが、もちろん、すべての児童養護施設がこのような状況なのではない。多くの施設では「施設という制約」の中で職員が、なんとか子どものためにと精一杯の努力を続けている。

厚生労働省は家庭養護の推進のためファミリーホームを含めた里親委託率を引き上げていく方針だが、施設においても一ユニット二十人以上という「大舎」から、より小規模化への動きを推進している。二〇〇八年三月一日時点では「大舎」が七割超だったが、二〇一二年三月一日時点で約五割と減少。施設の小規模化が目下の目標となっている。

ちなみに拓海くんがいた施設は、一ユニット五十人という超・大舎ともいうべきところだった。

私はこの間、児童養護施設や乳児院など「施設養護」の現場も訪ね歩いたのだが、私のような外部からの取材者を受け入れてくれる施設というのは、施設内の透明性が担保され、きちんとした養育をしているという自信があるのだと感じられた。

二〇一一年秋、私が訪ねたある児童養護施設は、子どもたち全体を「ホーム」という小集団に分けることによって小規模化を実現。施設という制約のもとで、でき得《う》る限りの家庭的なケアを目指していた。

この施設では四つのホームが存在。一つのホームは幼児から高校生まで男女別の十六～十七人で構成され、部屋の構造自体が、子どもたちの居室、リビングダイニング、浴室、トイレなどがあるマンションタイプの「一つのお家」になっていた。木目を生かしたナチュラルな雰囲気の室内に圧迫感はなく、やわらかでぬくもりがあった。

夕食前までなら他のホームを自由に行き来することもできるので、拓海くんのように「きょうだい」の関係が入所と同時に切れてしまうことはない。むしろ、そうならないように配慮されている。

食事はホームごとに食べるのだが、主菜や副菜は温かな状態で厨房《ちゅうぼう》から届けられ、ごはんはホームで炊き、汁物はホームのキッチンで温め直す。夕食タイムが近づくと、各ホームには家庭と同じように温かなごはんが炊ける匂いが充満する。汁物の鍋から湯気が立ち上るというのも、家庭と一緒だ。

夕食のワゴンが運び込まれると、子どもたちがダイニングテーブルに集まり、それぞれ配膳の手伝いをして、職員と子どもたちが一緒に「いただきます」と食事をする。和気あいあいとした、楽しい食卓だった。職員は幼児の食事の介助にあたるが、子どもたちも年下の子の面倒をよく見ていた。

「おいしい？　あたし、ここの食事は野菜がたっぷりだからいいと思うんだ。味付けもいいし」

高校三年の果歩《かほ》ちゃんは、私の感想が気になるようだ。彼女は小二のときからずっとここで暮らしている。

「うん、おいしいね。いろいろ種類があるのがいいね」

この日のメニューは鶏肉のオレンジ焼きとグリーンサラダ、白菜とベーコンのスープだ。本当は、鶏肉がせめてあと一時間遅く調理されたものであったら、温かく柔らかでいいのに……と、思っていた。

中学二年生の緑《みどり》ちゃんがテーブルを挟んで話しかけてきた。

「ねえ、今日は泊まるの？　あたし、今日、一人なの。同じ部屋の子が熱を出して、病気の子のための部屋で寝るから。だから寂しいから、あとで来て」

舌っ足らずの話し方、華奢でひ弱そうな女の子だ。

小学生と幼児は和室に四人ほどで一緒に暮らすが、中学生は洋室の二人部屋、高校生には個室が与えられていた。

「あのね、ママは今、ミドリのパパじゃない人と結婚して、妹がいるの。あと二年経ったら、その人と離婚するから、そしたらミドリもここを出てママと妹と一緒に暮らすの」

二人部屋のベッドのそばで、緑ちゃんの話を聞きながら、本当に二年後、緑ちゃんの描く未来が実現するように祈っていた。

キッチンでは家庭と同じように、子どもたちがお菓子や夜食を自由に作ることもできる。夕食の後片付けが終わったホームのキッチンでは「明日、友達に持っていくんだ」と中学生がクッキーの生地をこね、高校生が冷凍食品を駆使し、明日のお弁当の下準備をしていた。

早々とお風呂に入る子、テレビで人気タレント「嵐」に夢中の子と、「ホーム」の夜は、それぞれが穏やかに自分の時間を過ごしていた。

主任指導員の男性職員はこう話す。

「子どもたちは絶対的な味方である親から暴力を受けて、他人を信じることができなくなっています。だからここでは、安心感や愛される感覚を教えていきます。人が自分の味方になってくれることを体験することで、自分を大事にできるようになっていきますから」

これが施設職員の共通の思いだった。

だがそのために職員がどれほど骨身を削らざるを得ないのか、日々の奮闘を目《ま》の当たりにする取材でもあった。夜十時で勤務明けになった若い女性職員が深夜の一時、二時までホームに留《とど》まり、小さい子たちが寝るまで待っていた高校生の話し相手となり、記録の作成に追われる。朝四時まで仮眠ができなかったという宿直明けの職員が、この日は結局、二時間の仮眠のあと午後三時まで休む間もなく仕事に追われていた。

「子どもたちは職員に愛情を求めています。だから職員は少しでも時間を作ろうと、時間外で働いています。勤務時間中は集団を維持することに力を注がざるを得ません。ホームが安心できる環境でなくてはなりませんから。国の職員配置基準では全然足りません。職員は疲弊し、次々に倒れていきます」

男性主任指導員の言葉は、施設職員が抱えるジレンマを物語る。職員に対し、子どもたちは「自分を見てほしい」と強く願う。親から愛情をもらえず、深刻な虐待の後遺症を抱える子どもたちの思いは時に屈折し、複雑だ。

しかし子どもが熱望しようとも、親のように毎日一緒にいることは不可能だ。勤務体制の中で関わるしかなく、それ以上に踏み込むとなるとプライベートな時間を費やすしかない。むろん、それだって当然、限界はある。

そうしたジレンマの中で、職員はどうすれば子どもたちの心の傷が癒《い》やせるのか、心を砕く。主任指導員は語る。

「とりわけ、思春期は激しい暴力や性的なことなど問題が深くなります。僕は子どもたちに感情を言葉に換えるように勧めています。虐待を受けた子どもは、怒りや悲しみなど負の感情をため込んでいる。それを『ここでなら安心だから、出していいんだよ』と促していきます。『殺してやる』『傷つけてやる』と激しい言葉が出てきますが、職員と話す中で少しずつ整理がついていく。そういうことで変わっていき、パニックになって壁を殴ることもなく、けんかをせずにおさめることが徐々にできるようになるのが目標です」

　ある男性指導員は、児童養護施設はこんな場所でありたいと話す。

「僕が実家に帰るのと同じように、嫌なことがあってもここに帰ってくれば安心なんだ、と感じとれる場所にしてあげたい。人に頼れる、人が裏切らない、人が自分の味方になってくれることを体験できる場所でありたい。見守ってくれる大人がいることを感じ、困った時に『助けてね』と言える子になるのが一番だと思っています」

　しかし、それも十八歳までだ。

「職員は懸命に努力していますが、十分に傷を癒やせず高校の卒業式を迎える子もいます。鞄《かばん》一つ下げて施設を出て行く子どもを、私たちがどんな気持ちで見送るか。施設には〝年齢の壁〟という限界があるのです」

「これは、俺のカメだよ」

拓海くんがダイニングテーブルの奥にある水槽を指さして教えてくれる。二度目に高橋家を訪問した時のことだった。初めて会った時から一年経って六年生になった拓海くんは背も伸びて、ぐんと少年らしさをましていた。そろそろ声変わりも始まりそうだ。

帰宅後、宿題を済ませた拓海くんの日課はカメの世話だ。黒っぽい十センチほどの大きさのカメが、甲羅から首を伸ばしている。拓海くんの接近を察しているのだろう。砂利の敷かれた水槽には水が張られ、大きめの石や砂利を盛り上げて陸地が作ってある。

拓海くんがガラスに近寄ると、カメはのそのそと近寄ってくる。

「たくみくんが来たの、わかるんだね」

「うん、これから餌をあげるからだよ」

固形の餌をちぎって顔の前に差し出すと、カメは最大限に首を伸ばして餌にありつこうとする。

「すごく慣れてるね。カメって、こんなに活発に動くって知らなかった。初めて見たよ」

拓海くんがパッと私の方を振り返り、にやっとうれしそうに笑う。私が親指を立てて笑うと、満面に笑みが広がった。カメは拓海くんの誇りなのだ。

「あー、大変だ。これから水槽をきれいにしないといけん」

そう言いながら、いそいそと作業に取り掛かる。

「えらいねー。こうやってお世話をしてるから、カメはこんなに元気で、たくみくんのことがわかるんだね」

作業をする背中に語りかける。少し恥ずかしそうな背中は、私の言葉を否定しない。

高橋家ではパパのボーナスが出ると、子どもたちに何か一つ、好きなものを買ってあげるのだという。二年前、高橋家に来たばかりの拓海くんは、「カメがほしい」とねだったのだ。

餌は学校へ行く前と放課後、一日二回と決めてある。


「ねえ、俺の部屋、見る?」

そう言って拓海くんは二階へ誘ってくれた。高橋さん夫妻の子どもたち三人が育った三つの部屋は今それぞれ、中学三年の美由紀ちゃん、小四の晃くん、そして拓海くんの部屋になっている。小四の遥ちゃんの部屋は一階のリビングの隣にあり、おチビたちは個室ではなく、自分のコーナーを与えられている。

ブルーの空のような壁紙、紺とブルーの星柄のカーテン、木の葉模様の淡い緑のカーペットに、ベッドカバーは黄緑色。すべて拓海くんが選んだものだという。朋子さんは言う。

「そんなに大したことはしてあげられないんだけれど、自分で何も選べなかった子たちだから、せめて自分の部屋は自分で好きなものを選ばせて作ってあげたいの」

ベッドにはポケモンやいろいろなキャラクターのぬいぐるみもある。拓海くんは今、一人で寝ているが、それでもぬいぐるみたちに囲まれて寝る姿を思えばまだまだ幼く、かわいらしいと思う。

「いいねー、ステキな部屋だね。うらやましいな、たくみくん」

「そうだろう」とばかりに、ニヤリと笑う。うれしさがそのまま顔に出ている無邪気な笑顔。この誇らしげな笑顔はきっと、施設にいた時には浮かぶことはなかったのだろう。

だが二年前、高橋家へ措置変更となり特別支援学級へ転校した当初、拓海くんは張り子の虎《とら》そのままに、虚勢を張って派手な挨拶をぶちかました。

暴力の洗礼とばかりに、教室のロッカーを、いきなり素手で思いっきり殴って壊したのだ。

「おまえら、なめんなよ」と暴力を見せつけることで、自分の力を誇示した。

それが唯一、これまでの人生で拓海くんが身につけた、人との関係の始め方だった。

義雄さんと朋子さんは連絡を受け、学校へ駆けつけた。

「うちの子が、本当に申し訳ありませんでした」

二人そろって頭を下げた。本人も謝っているので、学校側ではそれでいいということになったのだが、義雄さんは敢えて修繕を申し出た。

「このようなことをしたらペナルティーがあることを、私たちは本人にきちんと教えたいと思います。私が仕事の合間に学校へ来ますので、どうか、拓海が壊したロッカーの修理を、拓海を含めクラスの子どもたちみんなが見ているところでやらせてください」

家に帰って、義雄さんは拓海くんに話をした。

「いいか、物を壊したら、元に戻すという責任があるんだ。それは、責任なんだ。だから、おまえが壊したロッカーは、おまえとパパが責任を持って直さないといけない。釘《くぎ》を打つところまでは危ないから、パパがやる。おまえは最後にペンキを塗りなさい」

拓海くんはうなだれながら、「わかった」と言った。そして「パパ、ごめんなさい」と泣いて謝った。義雄さんは笑って、拓海くんの頭を撫《な》でた。

「だから、いいか。おまえ、物を壊すときはそういうことをよく考えてからやるんだぞ」

ほぼ同時期、弱い者に力を行使して上下の関係を作るという施設で身につけたやり方を、拓海くんは家の中でも行使した。拓海くんにとって人との関係は、支配―被支配でしかあり得なかった。

「アキラとサトシと一緒にお風呂に入った時、私たちから見えないところで、たくみはアキラを『殴るぞ』と脅かした。それでアキラを自分より下に置いて、従わせようとしたの」

晃くんは、こんなことが大嫌い。すぐ朋子さんに訴えた。

「たくみくんがお風呂ですごくコワイことをする。ボク、すごく嫌だ。殴られるの、嫌だよ」

「わかった。アキラもサトシも、たくみとは一緒にお風呂に入らないでいいからね。安心していいよ。何かあったら、なんでもママかパパに言うんだよ」

脅されてまで、晃くんは拓海くんとは遊びたくない。

朋子さんはさらに晃くんに、ちゃんと自分の気持ちを拓海くんに直接伝えるように言った。

「俺はお風呂で、あんなことをされたら、たくみくんと一緒にゲームも何もやりたくない」

晃くんはパパとママのバックがある安心感で、きちんと言いたいことを拓海くんに伝えた。

「いいよ。俺、一人でやる」

そう言ったものの、一人でゲームをやっても面白くもなんともない。拓海くんは音《ね》を上げ、朋子さんに打ち明けた。

「やっぱり、俺一人じゃ、遊べん」

朋子さんは拓海くんに、やさしく話した。

「アキラの言うことは、当たり前のことなんだよ。たくみだって、『殴るぞ』と言った人とは仲良くなれないでしょ。殴られて、その人を大好きになる？」

「大好きにはなれん」

「『殴るぞ』と言ったら、人は離れていくんだよ。脅かされたら、その人を好きにはなれないの。だけど大好きじゃなくとも、その人の言うことを聞くのは、いつかやり返してやると隙を狙うことなんだよ。今は言うことを聞いているけど、自分に力がついたら反対にやってやるって。それは、友達じゃないんだよ。たくみ。アキラにちゃんと謝りなさい」

しかし、拓海くんはなかなか、晃くんに謝れない。曰《いわ》く、「謝ったら、俺の負けだから」。

拓海くんにとっては上下関係こそがすべてだった。それが唯一、施設での人間関係だった。全部が、勝ち負け。子ども同士でも、職員とも。そして、「謝ったら、負け」。

補助員の健人くんの出番だった。健人くんはアニキとして、男の作法を拓海くんに説く。

「たくみ、おまえ、本当にかっこ悪いな。男がスカッと謝るのは、かっこいいことなんだ。アキラに悪いことをしたのに、うじうじ謝れないのと、『ごめん』ってスカッと謝るのとどっちがかっこいいか。おまえが思っている負けなんて、ちっちゃいことなんだぞ。大きいところから見れば、おまえ、ものすごくみじめでかっこ悪いぞ。かっこよくなりたくないのか」

「俺、かっこよくなりたい」

そして拓海くんは、晃くんに「ごめん。悪かった」と謝った。それは一度ならず、学校でもクラスまで追いかけていって謝るほどに。

こうして拓海くんの様子はだんだん落ち着いていった。

四年生の担任は拓海くんのことを理解し、拓海くんのペースで能力に応じて勉強を見てくれたので、学力は目を瞠《みは》るほど伸びていった。

「足し算も引き算も、掛け算もできるようになったの。先生が『こんなに変わるんですね』って驚くほどに」

家で漢字のプリントをしている時も、はじめの頃はわからないとイライラして紙を破いていたのが、だんだん、じっくり取り組めるようになってきた。小学一年生レベルだった学力が、やればやっただけ、少しずつではあったが蓄積されるようになっていった。同時に、拓海くんの中に自信が生まれ、これまで「どうせ、俺はバカだから」と投げやりだった学習に意欲を見せるようになってきた。

しかしこの環境は、五年生になって暗転した。新しくクラス担任になったのは、経験が少ない女性教諭。しかも、特別支援学級は初めてだった。

朋子さんは担任からよく、「どうしたらいいんでしょう、どうしたら……」という言葉を聞かされた。

低学年のアスペルガー症候群（主に対人関係などコミュニケーションに障害がある広《こう》汎《はん》性《せい》発達障害）の男の子で、拓海くんの後を追いかけては「バーカ、バーカ」と言う子がいた。拓海くんは毎日、何を言われても我慢していた。

ある日、あまりにしつこく「バーカ、バーカ」と言いながら後をついてくることが腹に据えかね、拓海くんは強い口調で脅かした。

「おまえ、それ以上言ったら、殴るぞ」

拓海くんにしてみれば、口だけの脅しだった。しかし担任は体格の大きい子が低学年の子を殴ってしまったら大変なことになると、拓海くんを背後から羽交い締めにした。その瞬間、拓海くんはわーっと恐怖に駆られ、条件反射的に教師の顔面を殴ってしまった。

被虐待児は後ろから押さえられることに大きな恐怖を感じるのだ。それは、決してやってはいけない行為だった。拓海くんはその瞬間、大きな恐怖を感じ、反射的に身を守ったにすぎなかったのだ。

担任は一足飛びに職員室へと逃げ込んだ。「殴られましたー」と訴え、そのまま家へ帰ってしまう。

これが、大問題となった。

結局、担任教諭はそのまま、精神的に不安定となり退職。

学校だけでなく、教育委員会までが動く一大事案となった。

朋子さんと義雄さんは学校へ謝りに行ったものの、聞かされたのは教師たちやＰＴＡからのヒステリックなバッシング。

「ものすごく暴力的な子どもが、教師を精神疾患に追いやった」

「なんで、こんな子がこの街にいるのか。親のところへ帰してしまった方がいい」

「教師が勉強を教えようとしているのに、彼は学ぶ気が全くない」

朋子さんにも義雄さんにも、そして担当の児童福祉司にとっても、あまりに悔しい決めつけだった。

そして拓海くんの「事件」について、話し合いが行われた。

出席者は校長、教頭、新担任が学校側。教育委員会から二名、民生委員が三名、そして拓海くん側は、朋子さんと児童福祉司のたった二名。

朋子さんの目の前で学校側は、「さっさと、この子をよそにやればいい」とばかりに

「排除」を主張した。曰く、「この子はもともと、この地域の子どもではない。本来、いるべきところに帰すべきである」と。

自分の庭にごみは要らないんだ。朋子さんはこう言っているのだと理解した。朋子さんは立ち上がった。

「彼の学習が遅れているのは、彼のせいではありません。今までの環境がそうさせているのです。彼にそうさせてしまった社会に、私たちはいます」

できるだけ冷静に、そう朋子さんは自分に言い聞かせる。朋子さんは出席者全員の顔を一人一人見据え、続けた。

「彼は四年生の時、大人になるのはつらい、死んだ方がいいと言っています。そうではなくて、生きていてよかったと、自分のことも他人のことも大事にできて、少なくとも稼いだお金で暮らしていけて、俺ってなかなかだって、そう彼が思えるために、私たちは努力しているのではないですか」

会議室は、静まりかえっていた。

「彼にはこれまでの生活で身につけた暴力で解決しようという指向があるのはわかりますが、それをなんとかしようと本人もし始めていますし、私もそれを助けようと思っています。彼がそうなってしまったのは、社会がそうさせてしまったんです。社会的養護の場で彼がそれを身につけてしまったのだから、社会や大人の側が引き受けてあげないと。私は、彼は被害者だと思っています。虐待を受けた子の特性として、背後から押さえられた場合、恐怖を感じて反応してしまうことがあります。そうしたことをわきまえて対応するのが、学校側ではないのですか？」

朋子さんの切実な問いかけに、学校側はこう答えた。

「いや、われわれはプロではないですから」

特別な支援を必要としている子どもたちに対して、指導者が「プロではない」と言い切る。一体、これはどういうことなのだろう。

朋子さんが言うべきことは、一つだけだった。

「私は、彼の実の親ではありません。ですが、彼が社会に出るまで、きちんと見守りたいと思っています」

ここでようやく、民生委員の一人が口を開いた。

「里親さんがそこまで思っているのに、ここで学校側が手を引くというのはいかがなものか」

特別支援学級の担任を引き継いだ男性教師も、協力を表明した。

「やらなければいけないことですよね。やりましょう」

拓海くんは今まで以上に、自分を抑えてがんばった。この話し合い以降、特別支援学級には常時、三人ほどの教師が監視に入ることとなった。学校は「管理」を最優先したともいえた。

そんなある日、拓海くんが暴れてガラスを割ったという連絡が入り、朋子さんは学校へ駆けつけた。

教室へ行くと、拓海くんが割れたガラスのところで、わーっと泣きわめいていた。ナップザックを背負っているところから、帰る直前のことだと思われた。朋子さんは新担任に尋ねた。

「どういういきさつで、こうなったのですか？」

「彼が、勝手に暴れたんです」

それは絶対にあり得ない、と朋子さんは思った。何か原因があるはずだ。

「じゃあ、その前に何があったのですか？」

「彼がちっとも学校のお知らせプリントを持って帰らないので、『今日は持って帰りなさい』と僕が指導したら、彼が怒ったんです」

拓海が、それだけで怒るわけはない。朋子さんには自信があった。

「たくみは帰るところだったのですよね？　ナップザックを背負っていますから」

「そうです。彼がプリントを持たないで帰ろうとしたから、『なんだ、持たないで帰るのか、持ちなさい』と言ったら、彼は『今日はいい』と言うんです」

帰ろうとしているところで、いろいろ言われ、拓海くんはこう返した。

「どうせ、そんな漢字いっぱいの、俺は読まないから」

朋子さんはおそらく、この言葉で教師は意地になったのではないかと見た。拓海くんの鞄を引っ張って、無理やり「入れろ」と力ずくでプリントを中に入れようとしたのではないだろうか。拓海くんは力で押さえられ、「やめろー」と暴れてしまったのか。

朋子さんにはそんなやりとりが思い浮かんだ。

「先生、これまでの担任の先生は、プリントを持たせる時は連絡ノートに挟んで持たせてくれたんです」

「そんなのがあるんですか。僕は知らない」

教室の隅っこに、クラス全員の連絡ノートがまとめてあった。

「ここに、ありますよ」

「ほんとだ」

前の担任からのきちんとした引き継ぎもなく、これまで支援学級の子どもたちが納得していたシステムを無視し、学校側がきちんと対応ができていないのにもかかわらず、ガラスを割ったということで拓海くんは責められた。

「この子はやっぱり、感情のコントロールができない」

「親も偉そうに言うが、ちゃんと育てていない」

最も傷ついたのは、拓海くんだった。

「先生が俺を、はじき出そうとしている」

あまりにも傷ついている拓海くんを見かねて、朋子さんは主治医に相談した。主治医はこう提案した。

「じゃあ、拓海くんを入院させましょう。三か月だけでも、学校から保護しましょう。ここで彼が落ち着いて感情のコントロールを学べるようにしていきましょう。学校には私から説明します」

主治医が学校側の担当者を病院に呼び、どのように対応すべきなのかをきちんと説明したことで、退院後も拓海くんを受け入れることになった。

「学校から、拓海くんを守るため」の入院だった。とはいえ、高橋家の子どもたちは、拓海くんのことが心配でたまらない。

「週末は外泊で家に帰ってくるんだけど、アキラなんかものすごく心配して、『ねえ、たくみくん、いつ、お家に帰ってくるの？』って何回も聞くの。考えてみれば彼、今まで、自分にそんなふうに言ってくれる仲間もいなかったんだよね」

子どもたちが心配していると、朋子さんが主治医に話したところ、医師はにっこり笑ってこう言った。

「彼には、早く帰ってくるといいねって言ってくれる家族がいるから、なんにも心配はないね。ただ、学校だけが心配だね」

「ファミリーホームのいいところは、子どもたちがともに育つこと」だと朋子さんは日々、実感する。

高橋家に来たばかりの頃、周りに対しての警戒心が解けないでピリピリしている拓海くんに、先輩の美由紀ちゃんがこう言った。

「あたしもあんたと同じく、大人を疑って、いつも不安で荒れてたよ。でもこんなあたしでも変わったんだから、あんたも幸せになるよ！」

同じ家で暮らす中で、子どもたちには「高橋さんちの子」という連帯意識が生まれる。そう、本当のきょうだいのように。

「どの子も学校へ行けば普通の子とは違う傷を抱えているけれど、家に帰れば、同じ仲間がいるという安心感があるんです。そうやって子ども同士の育て合いがあり、私自身も、一人の子が問題行動を起こしても、子どもが多くて視線が分散されるから追いつめられない。お互いに逃げ場があるのが、複数養育のいいところですね」

そうは言いつつも、朋子さんはいつも、どの子に対しても見事なほどにきちんとした対応をする。六人それぞれ、「ママー」とべたべた寄ってきてはいろいろな訴えをするのに、どの子の話もちゃんと聞いて、ちゃんと応《こた》える。

拓海くんだってそうだ。大きな身体で「ママー」と朋子さんにべったり。そして「ママ」と呼ぶ時のうれしそうな顔といったら！

朋子さんの様子を見ていると、ついわが身の子育てを振り返ってしまう。子どもから発せられる訴えや問いに、朋子さんのように正面からきちんと応えてきただろうか、子どもたちの心に日々、誠実に向き合ってきたのだろうかと。つい面倒くさくなって、投げやりになったことの方が多かったのではないかと思ってしまう。

そしてもう一つ、ファミリーホームのいいところは「十八歳の壁」がないことだ。たとえば朋子さんは、美由紀ちゃんが希望するなら大学まで出してあげたいと思っている。厚生労働省によれば、二〇一三年五月一日時点で児童養護施設児の大学進学率は、一二・三％という。措置費では「大学進学等自立生活支度費」という一時金は出るものの、学費は出ない。簡単な道ではないが、それが美由紀ちゃんの自立のためになるのならなんとか学費を作り、大学進学を実現させてあげたいと朋子さんは考えている。高橋家に来た当初、「あたし、キャバ嬢になるからいい」と学習について投げやりだった美由紀ちゃんだが、朋子さんが塾に通わせたり補助員の家庭教師をつけたことで学力が向上、地域で有数の進学校を目指して高校受験に臨もうとしているのだ。

それぞれの子がやがて自立して家を巣立って行ったとしても、子どもたちには帰るべき「実家」がちゃんとある。里帰り出産だって可能だし、いくつになっても望む限り関係が切れることはない。それは「家族」であり、「親子」だからだ。養護施設ならこのようなことは難しい。

小学六年生の夏、拓海くんには進路の選択というテーマがあった。

この頃になると学校側も拓海くんの努力を認め、それを評価し、彼なりの成長を見守ってくれるようになっていた。高橋さん夫妻が何かあれば学校へ出向き懸命に対処する姿を見て、里親とはいえ「ちゃんと親として見守っているのだ」と、家庭養護というものを徐々に理解してくれるようにもなったのだ。朋子さんはこう感じている。

「今まで学校は、ファミリーホームというものをわからなかったんだと思うんです。どうせ、親の代わりなどできないだろうと思っていた。それが普通の家庭と一緒なんだと、わかってくれたんだと思います」

修学旅行のときには、友達と一緒にタクシーで移動するのが難しい拓海くんのために、担任教師が拓海くんと二人でタクシーに乗りお寺や観光名所を見て回ってくれたという。自分を受け入れてもらえたということは、拓海くんにとっては大きな自信につながった。

さて、進路だ。公立中学校へ進むか、それとも養護学校へ行くのか。

拓海くんは朋子さんと一緒に、どちらも何回も見学をした。朋子さんも義雄さんも実は、「みんなと同じことができる」養護学校へ行った方がいいのではないかと思っていた。しかし、それは拓海くんが決めることだ。

いよいよ、タイムリミット。二人は拓海くんを別室に呼んで、「どうする？」と聞いた。

拓海くんははっきりと、自分の結論を伝えた。

「俺は普通の中学なら、支援学級の先輩とか知っている友達がいるから、中学もいいと思ったんだけど、でも俺は他のクラスのたくさんの子たちがすごくコワイ。俺は中学に行ったら、いろんなことができない。部活もきっと、できない。だから俺、養護学校へ行こうと思う」

驚きだった。まさかこんなにしっかりと今の自分を見つめたうえで、考えを決めて、伝えてくれるとは。朋子さんは泣きそうだった。

「すごいね、たくみ。本当にすごいね」

心から成長を感じた。この子はここまで大きくなったのだ。

だけど養護学校を選択する以上、言っておくべきこともあった。

「養護学校には障害のとても重い子がいるよ。だから、絶対に力で支配してはいけない。今度は反対に、あなたが教えてあげなきゃいけない、助けてあげないといけないんだよ」

「うん」と、拓海くんはしっかりうなずく。朋子さんは一つだけ、聞いてみた。

「もしかしたら、前のようにクラスの子がまた、『バーカ、バーカ』って言ってくるかもしれないよ。その時、あなたはどうするの？」

これに対する答えは、思いもしないものだった。拓海くんは言う。

「それは昨日、アキラに相談した。アキラは『バジトウフウ（馬耳東風）の技を使えばいい』と言った。『わーって言葉の攻撃が来たら耳を塞《ふさ》げ、それでも我慢できなかったら先生のところに逃げて行けばいい』って。だから、大丈夫だって」

いつの間に、この子たち……。大正解だよ！　晃くんと拓海くんに拍手を送りたかった。朋子さんの目から涙があふれていた。

そうだ、拓海くんはこんなことも言っていた。支援学級で「おまえの弟、小四だろ。ずいぶんちっちゃいな」ってバカにされた時、こう言い返したって。

「おまえな、アキラは頭がいいんだぞ。あいつがやっている勉強、俺はわからん。アキラは自分で自分に怒りながらでも、勉強をやってんだぞ。だから、頭がいいのは当たり前なんだ」

拓海くんは晃くんがいつもどれだけ努力しているのかも、日頃からちゃんと見て理解していたのだ。

晃くんもまた、高橋家にとって非常にユニークな子だ。晃くんはアスペルガー症候群で社会性にハンディキャップを持つが、六年生レベルの算数まで解けるという天才ぶりを発揮している。

ある日、朋子さんにこう聞いてきた。

「ボク、いつまでこのお家にいられるの?」

唐突な問いに、朋子さんはさらっと笑って答えた。

「ママたちが生きてる間は、ずっといられるよ。たとえ、アキラが結婚して出て行っても、お嫁さんや子どもを連れて、いつでも来ていいんだよ」

晃くんはニヤニヤ笑って、壮大なプランを提案した。

「ママたち、一億歳まで生きててね。ボクがお金持ちになったら、地上百階、地下百階のお家に作り変えるから、みんなで住もうね」


拓海くんは、もう暴力で何かをねじ伏せようとは思わない。

でも最近、一度だけ、また先生の前で謝ることとなった。

それは遥ちゃんのことだ。家庭科クラブの帰り道、「なんだ、おまえ、たくみの妹かよー」と支援学級の男の子にからかわれ、紐で叩かれ続けたと泣いて帰ってきた。

「すごくコワかったの。だから誰なのか、名札も見れなかったの。男の子だよ。ずっとハルカのこと、紐で叩くの」

同じクラブだった晃くんには、目星がついた。その名前を聞いた拓海くんは怒りに震える。

「あいつかー、あいつがハルちゃんにそんなことをしたのかー」

「たくみ、確証がないんだから、何かしちゃ、だめだよ」

朋子さんの言葉を胸に登校した途端、その男の子は自分から拓海くんに言ってきた。

「おまえの妹、面白《おもしれ》えな。叩いても、声も出さん」

その瞬間、拓海くんはバーンと床を踏み鳴らした。

「おまえ、俺の妹に、何すんだ！」

怒りに震えながらも拓海くんは拳《こぶし》をぐっとこらえ、手を出すことを自制した。

学校ではケンカ両成敗、家ではみんなから大絶賛。今や、遥ちゃんを守ったヒーローだ。パパもママも、にやにや。

「たくみ、おまえ、よくやったよ！」

第四章

明日香

――「奴隷でもいいから、帰りたい」

自分のことを、「オレ」という女の子だった。

岡崎明日香《おかざきあすか》ちゃん、二〇一〇年六月にファミリーホーム「かわもとホーム」にやって来た時、小学五年生だった女の子だ。

今、「かわもとホーム」に彼女の姿はない。明日香ちゃんがいたのは五年生から六年生の十二月まで、たった一年半の期間だった。しかも六年生になってからの彼女の日々は、すくすく伸びてきた芽が自ら成長を拒否したような、逆行する時間となった。

「かわもとホーム」の〝お母さん〟、川本恭子《きょうこ》さんは明日香ちゃんの明から暗への急激な揺れを間近で見守ることとなった。この揺れの起点には、明日香ちゃんの実母がささやいた、「ママと一緒に暮らそう」という言葉があった。

たった一言で、明日香ちゃんは積み上げてきたものを崩してまで、母親との一体化を望んでいった。

二〇一二年夏に私が初めて「かわもとホーム」を訪ねた時にはもちろん、明日香ちゃんの姿はどこにもない。恭子さんはふっと、呻《うめ》くようにつぶやいた。

「かわいそうだったよ。あんなかわいそうな子は初めて見たと思う。どんどん、みじめになっちゃって……」

それまではさばさばとユーモアたっぷりだった恭子さんから、不意に漏れた沈痛な思い。

明日香ちゃんの存在は、恭子さんにとって心に沈む錘《おもり》のようなものなのかもしれない。痛みを伴わないで思い返すことはできない女の子であることが、そばにいるだけで伝わってきた。

二〇一三年一月、私は再び、川本家へ向かった。明日香ちゃんの話をもっとちゃんと聞きたいと思った。私の胸には前年の秋に発覚した、ある女の子の虐待死事件がずっとくすぶっていたからだ。

二〇一二年十月一日、広島県府中町《ふちゅうちょう》で、母親の暴力により堀内唯真《ほりうちゆま》ちゃん（十一歳）が死亡した。亡くなった時の唯真ちゃんは、川本家の玄関に立った明日香ちゃんと同じ、小学五年生だった。

唯真ちゃんは、母親の亜里《あさと》被告（逮捕当時二十八歳）から「練習用のゴルフクラブで三十分ぐらい、部屋のいろんな場所で殴られて」死亡した。供述によれば、母親はゴム製のヘッド部分で頭部を何度も殴打したという。死因は、出血性ショック死。

殴った理由は、「嘘《うそ》をつくので、しつけのため」。

唯真ちゃんの全身には古いあざがいくつもあり、いずれも衣服に隠れる部分に集中。

警察は当然、日常的な虐待を疑った。

唯真ちゃんは、母が離婚して養育が困難となり生後五か月で乳児院へ預けられて以降、施設で育った子どもだった。その身体《からだ》の記憶にわずかでも、おっぱいや腕のぬくもりなど母親の痕跡《こんせき》があったのだろうか。おそらくないだろう。そう想像するしかないほど、授乳も沐浴《もくよく》も離乳食も、オムツの交換もトイレ・トレーニングも、すべて乳児院で職員の手により行われた。そして三歳になると、自動的に児童養護施設へ措置変更となった。

乳児院は家庭で育つことができない赤ちゃんを、家庭に代わって養育する施設だ。児童養護施設が原則として一歳以上の児童を養育するのに対して、乳児院では生後すぐの新生児から一歳未満の赤ちゃんの養育が主で、二歳までは乳児院で暮らし、三歳から児童養護施設に移るケースが多い。

二〇一三年十月一日時点では、全国に百三十一か所の乳児院があり、ここで約三千人の乳幼児が生活していた。

赤ちゃんはどんな理由で親元を離れ、乳児院で暮らしているのだろう。二〇一三年二月一日時点の「児童養護施設入所児童等調査結果」(厚生労働省)によれば、入所理由で最も多いのが、「母の精神疾患等」で二二・八%。注目すべきは「両親の放任・怠惰」や「両親の虐待・酷使」「養育拒否」「棄児」の虐待にあたる理由で、これらを合わせれば二七・一%と最大の入所理由となる。

国連の『児童に関する暴力の報告書』（二〇〇六年）において、「発達のリスクと精神的ダメージは四歳以下の子どもにより厳しく出る」と指摘され、とりわけ「養護施設に置かれた乳幼児（〇～三歳）に愛着障害、発育の遅れ、および神経萎縮《いしゅく》による脳の発達へのリスクが生じることがわかった」と警告が発せられている。

第一章で触れた「杉並里子虐待死事件」の被害者、渡辺みゆきちゃんも、生後間もない時期から乳児院で育った子どもだった。被告となった里親・鈴池静はみゆきちゃんを預かって一か月後、二〇〇九年十月のブログにこう記している。

「ここ数日、里子の目が左右に離れたり……白目をむいて追いかけてきたり……というゾンビ現象が続いていて……」

生後五日で乳児院に預けられた男の子を里子にしたという、五十代の男性に話を聞いた時、「ゾンビ」という言葉に心当たりがあると語った。自分の里子もよく、目の焦点が合わないことがあった、と男性は言う。

「ベビーベッドで寝かせっきりだと、視界に動くものがない。そうすると人間は見ることをやめてしまうと専門家から聞きました。人間の瞳は見ることをやめた時に、外に開いてしまうそうです。乳児院の寝たきり養育は、大きな問題だと思います」

「ゾンビ」とまではいかないが、第三章に登場した高橋家の里子・彩加ちゃんも乳児院から来た当時、表情の全くない「ロボットのような赤ちゃんだった」と、高橋朋子さんは言う。ただ、その一方で、食べ物への執着にはすさまじいものがあった。

「五個入りの小さなクリームパンがあるでしょう。来たばっかりの頃、菓子パンが好きだと聞いていたから与えたら、二つを手に持って一つは口に入れて、残りの二個を誰かが取らないようにものすごい顔で威嚇《いかく》する。そういう二歳児だったの」

「そこは、とても評判のいい乳児院なんだけど」と朋子さんは言う。

彩加ちゃんは病院の待合室で目が合った人には誰でもべたべたとくっついて、その人のバッグを開けて中身を片っ端から出していくという行為も繰り返したという。人との距離感が取れないのは愛着障害の典型的な行動であり、また、施設には「これは誰かのモノ」という私物の概念がないための行動だと朋子さんは分析していた。

私が取材で訪ねた乳児院は、「より小さい集団での、担当との愛着形成」を目指し、懸命に努力を重ねていた。一人一人の乳幼児に担当の職員がつき、担当以外は抱っこや授乳もしないというシステムで、その職員との愛着形成を図っていた。担当が休みの日には「裏の担当」という〝パパ〟の役割を果たす職員が、その子につく。

授乳は抱っこしてちゃんと目を見て、入浴は職員が裸になって一緒に入り、離乳食の介助も担当職員が笑って話しかけながら行うなど、できる限り「お母さん」のような養育が心がけられていた。

赤ちゃんの食事がすむと、体験取材中の私にも「一緒に、子どもたちの前で同じものを食べてください」と声がかけられた。そこに、どんな意味があるのかと聞くと、職員が説明してくれた。

「『おいしいね』って私たちが食べるところを見せないと、子どもは大人が〝食べる〟ということがわからないのです」

これこそ、施設のジレンマだった。ここまで気を配らないと、赤ちゃんたちは「食べる」という当たり前の営みすら目にし、学ぶ機会がないのだ。家族の生活の場である「家庭」で育つこととは、根本がどうしても違うのだ。

「愛着」形成を最大の目的とし、意識的に取り組んでいる施設においても、「いつもそばにいて安心を与えてくれる」信頼感を施設職員との間で醸成することは、なかなか容易なことではない。施設で育つということにはどうしても、愛着障害の問題が付きまとう。

ゆえに今、国はできる限り早い段階からの里親委託を進めている。

唯真ちゃんも乳児院で育ち、施設での生活しか知らない子どもだった。四歳になった時、母親が「子どもと暮らしたい」と児童相談所に訴え、祖母と一緒に育てるという条件で唯真ちゃんは実母に引き取られ、初めて「家庭」での暮らしを体験した。

だが三年後、近所と小学校から虐待通報があり児童相談所に保護され、小学二年生で再び児童養護施設に入所した。

家にいた間、勝手にどこかへ行ってしまう、「家で、ごはんを食べさせてくれない」と友達の家で嘘をつくなど、唯真ちゃんの育てにくさに関する祖母の証言などが報道されたが、それらはどれも、「反応性愛着障害」と呼ばれる症状だった。

施設に戻った唯真ちゃんは、「家に帰りたい。お母さんと暮らしたい」と訴えていた。

そして四年生で再び母親の元に戻り、一年半後に死亡する。唯真ちゃんの願いがようやく叶《かな》ったというのに、待ち受けていたのは母に殺されるという最も残酷な結末だった。

明日香ちゃんもまた、三歳から小学四年生まで児童養護施設で育った子どもだった。施設を出ることができたのは、あくまでも「いずれ、母親が引き取る」という前提で、母方の祖父宅でワンクッションを置くという方針があったからだった。しかし、祖父宅でうまくいかず、ファミリーホームへ措置変更となった。

明日香ちゃんが来た当時、「かわもとホーム」の里子は、小学二年の竜也《りゅうや》くんと一年の和樹《かずき》くんの二人だけ。五十代前半の恭子さんと勲《いさお》さん夫妻、実子で中学二年の長男・大輔《だいすけ》くん、長女で小学六年の葉月《はづき》ちゃんと六人で暮らしていた。

二〇一〇年六月、担当の児童福祉司と実母と一緒に玄関に立った明日香ちゃんは、出迎えた恭子さんにぺこりとおじぎをして、開口一番、こう言った。

「ここ、ゲームやっていい？　オレはゲームが大好きで、ゲームがないと生きていけないし」

　彼女は自分を「オレ」と呼ぶ女の子だった。

「明日香ちゃんって、どんな子なの？　最初の印象はどうだった？」と、私は恭子さんにストレートに尋ねた。まだ見ぬ明日香ちゃん、会うことはない少女の具体的な像を描きたかった。恭子さんは、一つ一つ確認するように描写する。

「会った時？　そうねぇー、ゴリラみたいな子だったよ」

　恭子さんが大笑い。えー？　ゴリラ？　少女に対する表現としてはあんまりだ。

「身体は大きいし、がっしりして背もあるし……」

　一つ一つ思い出しながら、恭子さんは笑いが止まらない。

「顔はぶちゃいくで、体毛が濃いんだよね。髪の毛が長いんだけど、ぐしゃぐしゃなの。ほんと、やまんば。髪をとかすってことがないんだろうし、まとめることも教わっていない……」

　そしてひと息おいて、愛《いと》おしそうにこう言った。

「かわいい子だったよ。まるで、雑草のような子。手が入っていないの。顔の産毛も剃《そ》ろうよ、髪もレザーで剃《す》けば軽くなるのに……って。前髪を作れば、かわいくなるだろうし……。でも、それはできなかった。お母さんがそういうことをすべて、禁止してたからね」

恭子さんは私を正視して、こう言った。

「いい子だったよ、アスカちゃん。社会にお返しする十八歳まで、本当はうちにいる予定だったの」

恭子さんの言葉に悔しさがにじむ。「ほんとは、十八歳まで……」と繰り返す。

「『家に帰ってきていい』と言われたら、お母さんに敵《かな》うものはないものね。うちの子たちも、どんだけ嫌な思いをさせられても、やっぱりみんな、『本当のお母さん』だもん」

それは、まるで自分に言い聞かせるようだった。喉元《のどもと》に突き刺さった棘《とげ》のように、恭子さんの心を「本当のお母さん」は波立たせる。

明日香ちゃんが初日、両手に抱え持っていた大事なゲームは「お母さんに買ってもらった、ポケモン」だった。この日、会ったばかりの小学校低学年のチビたちに、明日香ちゃんは自慢気に説明した。

「オレのお母さんが、オレがいい子だから買ってくれたものなんだ」

そんな明日香ちゃんを見ていると、恭子さんは「お母さんに買ってもらった」ということが、明日香ちゃんにとっては「自分が生きている証《あか》し」、あるいは「自分の誇りそのもの」のように思えるのだろうと感じた。

「お母さん」の存在が、明日香ちゃんには拠《よ》りどころ——、それはきっと、唯真ちゃんも同じだったのではないだろうか。

恭子さんは、明日香ちゃんの実母の印象をこう語る。

「きれいなお母さんだよ。タレントの木下《きのした》優樹菜《ゆきな》によく似てる。お母さんはまだ、三十ぐらいじゃないかな。キャミソールにケープを羽織るのが好きなの。冬でもキャミのワンピで、腕に入れ墨が入っているのを必ず、見せたいんだよね。ケープからさり気なく腕を出して、入れ墨を見せるの」

明日香ちゃんは、実母が十代後半という若さで産んだ子だった。立て続けに弟も産んだが、ほどなく離婚し、実母は「子どもがいると働けない」と、明日香ちゃんと弟を児童養護施設に預けた。残念ながら弟といっても明日香ちゃんに「きょうだい」という感覚はない。男女別の施設でほとんど交流がないまま成長したからだ。

唯真ちゃんと明日香ちゃん、二人の境遇はとても似ている。唯真ちゃんも、母親が十七歳で産んだ子だった。いや、もしかしたらこのような境遇の子は今や珍しくないのかもしれない。

唯真ちゃんと違うのは、明日香ちゃんには父親が違う弟と妹がいることだ。実母は明日香ちゃんたちを施設に預けたまま、他の男性と同棲《どうせい》して、妊娠。結局、〝でき婚〟を繰り返すことになったのだが、その男性と入籍して一男一女をもうけ、離婚することとなくそのまま一家四人で暮らしている。

山梨県立大学の西澤哲《にしざわさとる》教授が自身の講演の中で「最近の養護施設への入所児童で目立つケースとして、〝できちゃった結婚〟で若い母親が産んだ幼児」を挙げていたが、現に私が二〇一一年秋に泊まりがけでとある児童養護施設を取材した時、痛烈に感じたのが、このような若い母親の〝でき婚〟で生まれ、産みっぱなしにされたような幼児たちの存在だった。

たとえば、小学一年の施凪《せな》くん、幼稚園年中の来夢音《らむね》ちゃんきょうだい（このネーミング！　これがキラキラネームなのだろうか）を児童養護施設に預けている若い母親が、別の男性との間にさらに三人の子どもを産んだと聞かされた。この母親は近いうちに、この二人を引き取るつもりだという。他人の目から見ても、それが二人にとって幸せになる道だとは素直には思えない。だが、「母親が望めばそうなるでしょう」と施設職員が顔を歪《ゆが》めた。

明日香ちゃんは三歳から十歳までの間、施設で暮らし、小学四年の時に祖父宅に移った。

祖父は再婚した妻と同居しており、このおばあさんと明日香ちゃんがうまくいかず、同居生活はあっという間に困難になった。

明日香ちゃんがいた児童養護施設は、里親たちの間で評判があまりよくなかったようだ。しかし、そんな中でも明日香ちゃんは施設では優秀ないい子だった。恭子さんは、こう見ている。

「アスカ、だいぶ、人をちくったみたいよ。そうすれば特別に、野球観戦とかに連れて行ってもらえるからね。人を蹴落《けお》として、自分はいい目をみるのよ。彼女は施設ではいい子だった。そう、施設の中ではできる子なのよ。でもそれは施設の中だけのこと。アスカのおばあさんも、あの子を引き取ってみて、びっくりしたみたい。力関係がすべてで育ってきた子だから」

人間関係のすべては上か下か、支配か被支配か。まるで、弱肉強食の世界だ。

祖父宅から通った転校先でも、明日香ちゃんはクラスの子たちを威圧した。身体も大きく、ケンカにも慣れ、「オレ」とすごむ女の子はその「力」を利用することも知っていた。

明日香ちゃんにも、愛着という基盤は育っていないといっていい。母親は時に、施設に面会に来たが、安心できる対象であったとは思えない。明日香ちゃんはむしろ、母親に気に入ってもらえるよう、必死だったのではないか。

唯真ちゃんは友達に「いい子にしてないと捨てられる」と語ったと報道されていたが、唯真ちゃんも明日香ちゃんも「お母さんに認めてもらえるよう」「お母さんのいい子になるよう」必死だったのだろう。その「母」は、思い浮かべるだけで自分の苦しさやストレスをなだめてくれるようなあたたかな「愛着」の対象ではない。むしろ、緊張を呼び覚ます存在だった。

愛着者の存在、愛着者との関係を持たない明日香ちゃんは、何か思い通りにいかないことがあるたびにかっとなり、衝動的な行動に出た。

「ふざけんなー、このババア」

おばあさんはコントロールのきかない感情の激しさに、明日香ちゃんの養育をギブアップした。

「本当はね、内面はすっごい〝女の子〟なの。気の小さい、猫のような繊細な子なの。でも人に弱みを見せないように、低い声で、怖がらせるようにわざと怖い言葉を使っていたの」

恭子さんには、明日香ちゃんの「はったり」が透けて見えた。

「は？　それが何？　オレが何したってか？」

「オレは」「オレさまは」と上から目線でチビたちを威嚇する明日香ちゃんが、実子で中学生の大輔くんの前ではしゅんと「女の子」になった。

「大ちゃんの前に行くと、かわいらしいのよ。身体をちっちゃくして、女の子になるの。

そして相手にしてもらえないとわかると、そそくさと離れていく。かわいいなーって見てたよ。アスカも女の子なんだなーってね」

明日香ちゃんは実子で一つ上の葉月ちゃんと、すぐに仲良くなった。当時はみんな一緒に「雑居部屋」で暮らしていたため、女の子二人はいつもぴったり一緒にいた。葉月ちゃんにしても、男ばかりのところに女の子がやってきて、家で一緒に遊べるのがうれしかった。

近所の公立小学校へ転校して、明日香ちゃんは前の学校と同じ特別支援学級に入った。担任の女性教諭は明日香ちゃんの境遇をすべてわかったうえで、親身になって指導した。

「担任が怖いもんだから、アスカ、泣きながらでも、どんなことをしてでも、毎日、五十問の宿題をやっていった。泣いてでも、自分で椅子を蹴飛ばしてでも、それでも投げ出さないでがんばっていた。この子はこうやって、卵の殻を破ろうとしているんだなーって思ったの。がんばれる力を持っている子なんだって」

五年生の夏休み。葉月ちゃんは恭子さんにこう言った。

「アスカさぁ、あの子、九九を知らないよ」

明日香ちゃんがいつも掛け算に苦労していることは恭子さんにもわかっていたが、横で一緒に勉強していた葉月ちゃんには、根本の問題が見えたのだ。五年生なのに、二年生の勉強ができていなかった。学力が積み上がっていかないのもうなずけた。

恭子さんは熱血・女教師に相談した。すると担任教師は夏休み期間中、毎日三時間、明日香ちゃんを学校に呼んで勉強を見るという。明日香ちゃんだけでなく、他の子たちも葉月ちゃんも一緒に。担任の都合が悪い時は、代わりに校長先生がピンチヒッターで勉強を見てくれた。

教師の思いにこたえるように、明日香ちゃんもがんばった。苦しくても決して投げ出さない様子を、恭子さんはじっと見ていた。毎日の日記も、サボることなく書き続けた。苦しみながらも鉛筆を離さない明日香ちゃんを、恭子さんはそばで見守っていた。そうして九九を克服し、文章を書く訓練をし続けた明日香ちゃんは、どんどん学力が上がっていった。

「担任も本当に一生懸命やってくれて、本人もがんばったの。今まで勉強ができたってことは体験したことがないから、アスカにしてみれば本当にうれしかったみたい。二学期の成績も今までにあり得ないぐらい、いい評価だった。これまでは全教科とも評定ができないぐらいダメだったから、成績が良くなったっていうことがどれだけ、うれしかったか」

この頃が一番、楽しかったと恭子さんは振り返る。明日香ちゃんのうれしそうな笑顔がよみがえる。

「あの頃のアスカはすごく明るくてね、ほんとに私も楽しかった」

葉月ちゃんが、一枚の写真を見せてくれた。

「これが、アスカと撮《と》った、たった一枚の写真。アスカは写真に撮られるのが本当に嫌で、これ一枚しかないよね、お母さん？」

「そうだねー。あの子は嫌がったね。カメラの前で笑うのが嫌なんだよ。いきがって強がっていたいから」

数え十三歳のお祝い、十三参りの晴れ着の写真だった。葉月ちゃんより一つ年下だというのに、明日香ちゃんは頭一つ大きい。横幅もがっしりしている。二人とも髪を結って髪飾りを付けて、ちょっと大人びた着物を着こなしてうれしそうに笑っていた。明日香ちゃんはオレンジ色の着物がよく似合う。くっきりした眉《まゆ》に黒目がちな大きな瞳、ぽっちゃりとした顔立ちはまだとても幼い。飾り気も何もなく、大人の入り口にも立っていない、素直な子どもらしい笑顔がそこにあった。晴れ着に身を包んだ姿はちょっと誇らしげ、仲良しの葉月ちゃんと一緒なのがとてもうれしいと、その表情が語っていた。

三人で、車に乗って潮干狩りにも出かけた。この時、葉月ちゃんとの違いを感じるできごとがあった。

三人でかなりの量のあさりを獲《と》った。隣にいたおじいさんと男の子の獲物を見ると、恭子さんが見るに「食べられない、バカ貝」ばかり。恭子さんが声をかけた。

「それは、食べられないよ。私のをあげるから」

そして、葉月ちゃんにもこう言った。

「あんたも結構獲ってるから、分けてあげなよ」

葉月ちゃんは断固、拒否。

「なんで？　これは私が獲ったもの。あげる必要はないでしょ。あげるなら、お母さんがあげればいい」

するとと明日香ちゃんが、まだ、何も声をかけていないのに……。

「これ、あげる。お母さんがあげろって言ったから、アスカの、あげるよ」

これが、守られて育った子と守られて育っていない子の違いなのかと恭子さんは思った。

「それって、別にアスカのやさしさじゃないの。私の機嫌を取るのよ。ほんとは、あげたくなんかないの。物への執着がものすごい子だから」

そうやってこれまで、大人の目を見て「おべっか」を使って生き延びてきたのだ。

たとえば、恭子さんが何気なく、「あのさー」と言っただけで、明日香ちゃんはびくっと動揺して、黒目がかーっと動く。「オレは何も、悪いことしてない」という無意識の自己ガードだった。

明日香ちゃんにとっての川本家の日々は、恭子さんが感じたように、自分をがんじがらめに閉じ込めていた卵の殻を自分で剝《む》いていくような時間だった。少しずつ剝けるたびに、明日香ちゃんは明るくなっていった。

三人で洋服を買いに行くことも楽しみだった。明日香ちゃんはジーパンしか穿《は》かない子だった。

「『これ、ＡＫＢっぽくってかわいいよ』って葉月が言うと、恥ずかしがっていたけど、チェックのジャンパースカートに決めたよね。アスカは照れながら、でも着たよね？」

「うん。あれ、かわいかったよね。似合ってたよね」

葉月ちゃんと恭子さんが、顔を見合わせ微笑《ほほえ》む。

髪の毛を洗うこと、髪をブラシで梳《す》くこと、下着は手洗いすることなど、恭子さんは根気よく教えていった。施設で育った明日香ちゃんには衛生面で一から教えなければならないことばかりだった。生理になっても垂れ流しのままだった。だから、ナプキンを当てることも教えていった。

葉月ちゃんと一緒に美容院へ行き、髪を整え、前髪も作った。「すごくかわいくなったのよ」と恭子さん。

しかし、これが裏目に出た。母親と会った時に、「なんで、勝手に髪の毛をいじったの！」と、きーっとヒステリックになった実母にさんざんに怒られたという。スカートを穿くことも、「おまえには似合わない」と禁止事項だった。

実母と会うたびに、明日香ちゃんは「疲れ果てた老婆《ろうば》のようになって」帰ってきた。

必死で「いい子」を演じるのだ。二泊の旅行の予定が、明日香ちゃんに喘息《ぜんそく》の発作が出たため、一泊で帰ってきたこともあった。

それでも明日香ちゃんはいつも、お母さんのことを自慢した。

「お母さん、オレにだけ、PSP、買ってくれた。お母さんはやさしい人。お父さんはすごい車に乗ってんだ。テレビが上から、下りてくるんだ。五百万する車なんだ」

他の子たちにそうやって自慢をする明日香ちゃんに、恭子さんは忸怩《じくじ》たる思いだった。

「これは私の足りないところなんだけど、お母さんとアスカが会うと腹が立つの。彼女の何がいいの？　何をそんなに自慢したいの？　って、これは私の内面の声ね。疲れ果てた老婆のようになって帰ってくるアスカを見ていると、何がいいの!?　って思っちゃう。あんた、喘息なんて、うちじゃ、ずっと治まっていたのにって」

母親が明日香ちゃんを送ってくる時に、弟と妹が川本家に寄っていくことがあった。

「『へー、ここがアスカの家かぁー。ぼろだな』とか、弟はものすごく偉そうなの。『オレは、ママと帰るしな』とわざと言う。でもアスカは、弟をお客さま扱いするの。媚《こび》を売ってんのよ。ポケモンのキャラを赤外線で送ってあげたり。弟たちに気に入ってもらいたくて、なんでも言われるままにしてあげる。弟に気に入ってもらえないと、お母さんの家で自分の居場所がないことを知っていたんだよね」

そんな明日香ちゃんを見るのが、恭子さんにはたまらなかった。

川本家での初めてのクリスマス、恭子さんは明日香ちゃんに「DSを買ってあげるよ」と提案した。欲しがっていたのを知っていたし、夏休みからの明日香ちゃんのがんばりを褒めてあげたかったからだ。しかし、明日香ちゃんは首を横に振る。

「DSは、お母さんが買ってくれるって、オレに言った」

しかしクリスマス前の週末にも、そしてイブにもプレゼントは届かない。冬休みに入っても、明日香ちゃんは遊びに出かけることなく毎日、郵便が届くのを待っていた。

「アスカのその姿を見てるのが、こっちもつらくてね。正月になっても届かないから、『私とお父さんが、買ってあげるよ』ってアスカに言ったんだけど、アスカは頑として応じない」

結局、明日香ちゃんがDSを手にすることはなかった。後で弟が得意気にDSを明日香ちゃんに自慢する場面を、恭子さんは遠くで見ていた。

「ほんとに、お母さんは思いつきで言うんだよね。アスカの気持ちを思うと、私は悔しくて、悔しくて……。じゃあ、そんな無責任なこと言うなよって。私が買ってあげたのに」

それでもまだ、五年生の三学期は川本家には幸せな時間が流れていた。恭子さんのごはんをモリモリ食べ、葉月ちゃんと楽しそうに遊んでいる明日香ちゃんの無邪気な笑顔に、恭子さんも癒《い》やされるような思いだった。

「アスカは私がよく作る〝他人丼《たにんどん》〟が好きだった。ここは田舎《いなか》だから、なんでも大量に買って冷凍しておくの。この冷凍豚肉を使って作るんだけれど……」

訪ねた日の夕食のメニューが、ちょうど「他人丼」だった。冷凍豚肉をざくっと切って、大きいフライパン二つにたっぷりと放り込んで炒《いた》めたところに、山のように玉ねぎをざく切りにして豚肉を包み込む。こうして玉ねぎで肉を蒸していくのが、恭子さん流だ。甘辛いタレで調味して、たっぷりの卵でふんわりととじる。

玉ねぎの甘みが際立っていて、豚肉がとてもやわらかい、やさしい味わいの丼《どんぶり》だった。明日香ちゃんもきっと、口いっぱいに頬張《ほおば》ってばくばく食べていたのだろう。

「田舎」だからこそのご馳走《ちそう》も、明日香ちゃんの大好物だったという。近所に鰻《うなぎ》の養殖場があり、目の前で割いたものが安く手に入る。

「それを買ってきて、七輪の炭火で焼くの。私が作る、たまり醤油《じょうゆ》を使ったタレがまた、おいしいのよ。アスカの食べっぷりは、見事だったよ。実によく食べた。必ず何か文句は言うけれど、お行儀よく、きれいに食べる子だった」

五年生の三学期、明日香ちゃんは勉強も毎日がんばって、どんどん学力も伸びていった。クラスは男女ともに仲良く、みんなとうまくやっていた。

「各学年が二クラスで、学年全体で四十何人ぐらいの小さな田舎の学校なの。アスカはみんなと仲良くなれてね、運動神経もよかったし、うまくやっていたの」

ただ……と恭子さんは言う。

「これが愛されてこなかった子の特徴なのか、軸の弱さがあるのよ。いざっていう時、びびって実力を発揮できないの。小学生のスポーツ大会で、高跳びが飛べないの。まだまだいけるのに、『ここ、一発』がきかないんだね。後ろから蹴飛ばしてやりたかったよ。なんで、ここでびびる？　って。諦《あきら》めちゃうんだよね」

川本家に来たことで初めて、明日香ちゃんは学校生活の楽しさを味わった。施設にいた時は、小学校で「あそこの子」と差別された。祖父宅から通った学校でも、「なめられないように」虚勢を張って過ごしていた。しかし今、クラスは和気あいあい。「力」で威圧しなくとも、気持ちよく楽しく友達と付き合えることを明日香ちゃんは初めて知った。そして何より、勉強の喜びを自分自身で手にすることができた。やればできるんだという自信は、どれほど明日香ちゃんを前向きに元気にしたことだろう。

それもすべて、安心できる環境を得たからだった。恭子さんという「お母さん」、勲さんという「お父さん」、葉月ちゃんという「お姉ちゃん」、「お兄ちゃんや弟たち」との日々は、明日香ちゃんにとって警戒することも大人に媚《こ》びることも必要のない、穏やかな時間だった。

それが本来の家庭であり、家族であるというその一端を、明日香ちゃんはやっと知ったばかりだった。

「お母さんへ」と題した、唯真ちゃんの手紙がある。

「いつも、ごはんを作くったりしてくれてありがとう。手伝だいとか、やくに、立たないでごめんなさい。仕事の時も、宿題を見たり、音読をきいてくれて、ありがとう。

ごはん、とても、おいしいよ。ケーキも。シャーペンと、クリスマスプレゼントと、たん生日プレゼントを買ってくれてありがとう。手紙だけで、ごめんなさい。でも、スポンジボブが入ってます。お母さん、いつもめいわくばっかりかけてごめんなさい。

大好きです。　　　　　　　　ゆまより」(原文ママ)

「いつもめいわくばっかりかけて……」からの文字は細く、とても頼りない。この文面から、消えてしまうことを望んでいるような少女の心が透けている。張り裂けそうな少女の心、自分を責めるやりきれない気持ちが痛々しく迫ってくる。

手紙を読んで、唯真ちゃんに言ってあげたくなった。

あなたは、何も悪くはないのだと。

あなたは施設で生きなければならなかった。その結果、大好きなお母さんに責められるようなことがあったとしても、そんなあなたを作ったのは社会であり、私たちなのだ、と……。

でも……と、恭子さんは言う。

「六年生になったアスカが学校で暴れて、ガラスを割ったこともあった。私はアスカが今、苦しんでいるそのことを、過去や社会のせいだと他人事《ひとごと》のように客観視はとてもできなかった。アスカが苦しんでいて、私には解決できないということが、とても苦しかった」

明日香ちゃんが明るく笑っていた日々は、五年生の春休みで終わりを告げた。

学校の成績が良くなったことを知り、実母は「これなら大丈夫だ」と思ったのか、明日香ちゃんと日帰りで出かけた時に、そっと告げた。

「アスカもいい子になったから、六年生になって修学旅行が終わったら、うちに来ればいいわ。ママと一緒に暮らそう」

この一言で、明日香ちゃんは舞い上がった。

明日香ちゃんからこの話を聞いた恭子さんは驚いて、実母に電話をした。実母は事もなげに言い放つ。

「修学旅行は友達と行かせてあげたいから、それが終わったらうちで引き取るから」

「それ、本当なの？　じゃあ、児相には言った？」

「言わないといけないの？　そんな、めんどくさい」

「めんどくさいって、児相から措置されてうちにいるんだから。家庭復帰になるのだから、お母さんからちゃんと言わないと」

結局、実母はこの時点で児童相談所に申し出てはいない。

実は「引き取る」という言葉の裏には、弟と妹の面倒を見させるという目的があったようだ。実母は子どもたちが学校へ行く前に仕事に出るため、朝は小一と小二の子どもだけになってしまう。親がいない子どもたちは、その日の気分で登校しないこともたびたびあり、そのたびに学校側から指導されていた。明日香ちゃんを引き取って、弟と妹を学校に連れて行かせればいい、これで学校からうるさいことを言われなくて済むと考えていたらしい。

「引き取る」という母の言葉で魔法にかかった明日香ちゃんが、その後、何をしたか。

恭子さんは言う。

「学校でも、家でも、自分の居場所がなくなるようにしていった」

クラスメイトともうまくいっていて、学力も伸び、明日香ちゃんにとって学校は楽しい場所だったはずなのに、自らその環境を壊しにかかった。

「田舎の学校だから、誰も敢《あ》えてケンカをしないのよ。それなのに、たとえば太っている子に、アスカはわざと『デブ』と言う。わざとケンカ売ってるのとおんなじでしょう。そういう、言っちゃいけないことを言って、あげくに手をあげたりと、そういうことをやりだした。がんばっていた勉強も放り出した。担任が何を言っても、もう何も聞かない」

家では、小さい子をいじめだした。小さい子が泣いたら、恭子さんが困るということを知っているからだ。

「弱い方からいじめていくの。まず年下のカズキから。集団登校で歩いている時に、旗で叩《たた》くとか、見えないようにやっていくの。私は全然、気づかなかった。カズキはなかなか上手にしゃべれない子で、急におかしな行動ばっかりするようになったの。おかしいなー、どうしたんだろうって。訳わからんことをするカズキを、怒らなければならない場面がしょっちゅう出てきた」

和樹くんがうまく話せないのには理由があった。和樹くんもまた母が十六歳という若年で産んだ子だった。父親はわからず、祖母と一緒に子育てをするということだったが、産院から退院したその日、赤ちゃんの和樹くんが泣きやまないため、若い母はドライヤーの熱で口を溶かせば泣かなくなるだろうと、熱風を当て続けたという。和樹くんは口に大やけどを負った。そのまま和樹くんは保護された。

「その時の写真を福祉司さんが見せてくれたけど、人間の顔じゃなかった。そのまま養護施設で育って、年中さんの時にうちに来たの」
恭子さんはゆっくり関わろうと思った。
来た当時五歳だったが、能力的にも身体的にも二歳児にしか見えなかったという。恭子さんはゆっくり関わろうと思った。

「上手に話はできないけれど、物はわかる子なの。能力もあるの。毎日、一緒にお風呂に入ってね、『ひとつ、ふたつ、みっつ……と数えて、十《とお》になったら上がろうね』って。どうしても、カズキは『ここのつ』が言えないの。『とおのつ』になってしまう。でも三か月経った時に、『ここのつ』って言えたのよ！　うれしくて動画に撮って、福祉司に送ったんだよねー。私は、ああ、こういう喜びがあるから里親はやめられないって心から思った」

私が川本家を訪ねた時、和樹くんは三年生になっていた。かわいらしい小さな声で、舌っ足らずな話し方なのだけど、「あのね、今日はね、学校でね」とちゃんと自分のことを伝えてくれた。お父さんの勲さんが大好きで、仕事から帰ればすぐにそばに寄っていく。特別支援学級にいるが、きれいなしっかりした文字で漢字を書き、学力はちゃんと積み上がってきているという。

この和樹くんが明日香ちゃんの圧力で始めた「おかしな行動」とは、緊急保護で預かっていた女子高校生の下着を洗濯物の中から取ってきて、隠し持つということだった。

「夜、寝るときに（おねしょ対策で穿く）紙パンツの中にブラジャーとかパンツをしまっておくの。あるいは布団の下に隠しておく。ブラがいつも、カズキのおしっこでびしょびしょなのよ。『なんで、アスカのじゃなくて、お姉ちゃんの？』ってカズキに聞くと、『アスカのは汚い、ウンコがついてる』って」

　確かに明日香ちゃんの下着は、汚かったと恭子さん。

「お尻の拭《ふ》き方を習ってきてなかったから。それはそうなんだけど」

　このような和樹くんの行動を見過ごすわけにはいかず、恭子さんが和樹くんを注意するのを、明日香ちゃんはうれしそうに見ていたという。

　今までこんなことはなかったので、一つ上の竜也くんに聞いてみると「カズキはいつも、学校へ行く時、アスカちゃんに怒られてばっかりいる。それで旗で叩かれる」と言う。叩かれるストレスを、和樹くんは何かで転換させたかったのだろう。

　恭子さんが送り迎えをすると、和樹くんの様子が落ち着くということが続いた。恭子さんは明日香ちゃんを質《ただ》した。すると臆面《おくめん》もない答えが返ってきた。

「カズキが言うことをきかないし、オレは交通安全を守るためにやっている」

「カズキのことはもう、ほっといていいから。どうせ歩道を歩くんだし、この辺の道路はちっとも危なくないから」

修学旅行が終わると、実母からの引き取り時期が延長された。

「今度は夏休みが終わったらとなった。その都度、その都度、いろんな言い訳をしてきたけど、お母さん、相手に合わせたその場の空気だけで話していた。まるで、飴《あめ》を一個あげるような感覚なの。飴をあげれば喜ぶでしょ、その場は。引き取るということは飴をあげるのと全く違う問題なのに、それと一緒。なのに、アスカはお母さんに期待されてうれしいの。弟と妹の面倒を見てって言われるのが……」

恭子さんは実母の言葉の軽さに、到底、信用がおけない。真剣に引き取ろうなどと思っていないことがわかるからこそ、明日香ちゃんには何とかわかってほしかった。しかし、明日香ちゃんは大事なものを壊してまで、実母と暮らすための道を歩み出す。

「本人もわかっていたのかもしれないけれど、止めようがなかった。本人がどんどん、進んでいっちゃった。アスカは荒れていった。学校でもガラスを割ったり問題行動ばかりを起こす。家ではわざとごはんを食べない。そしてこれは一緒に暮らしているからこそわかるんだけど、私の弱いところを突いてくるの。何をしたかって？　実の親と比べるの。あるいはほかの里親さんと比べる」

明日香ちゃんは、日常生活の「弱み」を突いてくる。たとえば食事の味付けがちょっと薄かったりする。こんなことは家庭料理では当たり前のことだ。しかし、恭子さんの「弱み」を明日香ちゃんは見逃さない。

「あそこの里親さん、料理がうまかったなー。家も新しくてきれいだし、オレもあそこの家がよかったなー」

　明日香ちゃんはことさら、恭子さんと実母を比較した。

「お母さんはオレのこと考えて、こんな服を探してくれた。お母さんはすごく素晴らしい人。あんたには、できないでしょう」

　竜也くんと和樹くんの心を傷つければ、恭子さんがどれだけショックを受けるかも、「家族」であるからこそ、わかっている。二人に向かって、明日香ちゃんはわざとこう言う。

「オレはお母さんから、すごく愛されてるんだ。オレはもう、こんなところにいる子どもじゃないんだ。お母さんがオレのことを大好きだから、一緒に暮らすって言ってくれてるんだ」

　不安定になった二人を抱きしめ、「大丈夫だからね。ここにはお母さんもお父さんもいるから」と一生懸命恭子さんが話している横で、明日香ちゃんは笑っていた。

「正直、投げ出してやりたいと思った」

　恭子さんは唇を噛《か》む。

「同じ千円でも、アスカにすれば実親さんからもらったのは、百万円ほどの価値がある。私があげたとしても『そんなもん』でしかない。せつなかった。だんだん私はアスカに、何もしてあげられないようになっていった」

夏休み、長期で実母宅へ泊まりにいったが、予定より早く帰された。

「母親としては、六年生だし、勉強も前よりできるようになったし、大丈夫だと思ってたんだろうね。だけど施設で育ってきた子なんだから、人との距離感が難しかったり、何かあったら暴力が出てしまう。そういうアスカを見て、母親のダンナが『あんなやつは要《い》らない』ってなったんだね。彼女もころっと手のひらを返してしまった。ダンナの機嫌が大事だから」

二学期、明日香ちゃんはますます荒れていった。荒れ狂って、明日香ちゃんは泣き叫んだ。

「帰りたい。オレは嫌われても帰りたい。お母さんのところに帰りたい」

泣いている明日香ちゃんを見るのは苦しかった。

「あの子が泣いているのはたまらなかった。ここに私たちがいるよ、悩みを全部取り払うことはできないかもしれないけれど、一緒に考えてあげるよってずっと思っていたし、アスカにこう言ってあげたかった。それは理屈じゃない、家族だからって」

そんな思いを明日香ちゃんは、すべてはねのけた。

「親でもないくせに」

「そんなこと、言わないで。ここには私もお父さんもいるんだから。葉月もいるし、何か使えるものがあったら使ってほしい。アスカが楽になるように。それに、お母さんのところでどうしてもダメだったら、戻ってくればいいよ」

「誰が戻ってくるか」

「そう、嫌わないでもいいじゃん」

「うっせーなー。オレの親でもないくせに。オレのお母さんは素晴らしい人だし。あんたにはできんでしょう」

比べられるということが、簡単に理性を吹き飛ばすということを恭子さんは思い知った。心が波立ち、悔しさは無責任な母親へと向かった。

「目の前の現実にきちんと対処もできないくせに、散らかすだけ散らかして、遠くで笑って見ている人がいる。そういうことを実親さんに私、されちゃっているんだって。積み上げてきたものをぐしゃぐしゃにされて……。『できないものはできないと、アスカに言ってあげないと』って、何度も電話で話したけどね」

学校からも何度も呼び出しを受けた。そのたびに恭子さんは自分自身が悔しかったという。

「私の中ではアスカはもう、私の子になっていた。そのアスカが苦しんでいるのがわかるのに、解決のために『親』である私が何もしてあげられない。原因は親御さんで、親御さんがぐしゃぐしゃにしたものを私は片付けなければならない立場なんだけど、アスカ自身がそれを拒否するわけだから……。私があの子に、してあげられることは何もなくなった」

明日香ちゃんが荒れるたび、竜也くんと和樹くんも不安定になっていく。恭子さんの精神状態もとても安定しているとは言い難い。

「施設の職員なら外に勤めにいくけど、里親は自分の家が職場だから、逃げていくところがないの。子どもを放り出すわけにはいかないから、子どもとの関係が悪くなると自分が蝕《むしば》まれるし、子どもも荒れる。ここは普通の家だし、私は職員でなく、お母さんでありおばさん。この家の軸でありたいのに、軽蔑《けいべつ》され排除されるっていうのは、〝お母さん〟や〝おばさん〟ではなく、ただの〝他人〟だと子どもから思われていること。そうなったら、その子どもは見れないなって思ったの」

この頃、明日香ちゃんは「ウサビッチ」に感情移入していた。横ストライプの囚人服を着た、収監された二匹のウサギが主人公のアニメーション。恭子さんがウサビッチのクッションを作ったら、それを抱きしめて「オレはウサビッチなんだ」とつぶやいた。

「もう、なんでもいいから帰りたかったんだろうね。福祉司も止めたし、医師も反対だった。でも『奴隷でもいいから、帰りたい。おかあしゃんは女神さまのようにやさしくて、どんな願いもかなえてくれる』って最後は現実逃避にまで行ってしまった」

これ以上、明日香ちゃんを止めたところでいい方向に動くとは思えなかった。

「ここで止めたら、『大人はみんな、邪魔をする』と恨むだけ。福祉司とも相談をして、これだけ現実逃避をして夢に逃げているなら、本人が現実をわかるしかないということで、家庭復帰になった」

六年生の十二月、明日香ちゃんは川本家から継父の家へと移っていった。

川本家を去ることが決まってから、恭子さんは明日香ちゃんが機嫌のいい時を見計らって、わかっておいてほしいことを伝えた。

「あの家で、あんたが違うと思ったことが行われても、『違う』と言っても叩かれるだけだし邪魔にされるから、聞かないでおきなさい。それでも我慢ができないと思ったら、助けを呼びなさい。福祉司もそう、学校もそう。私のところに電話をしてもいい。そうやって助けを呼ぶんだよ」

明日香ちゃんは聞きたくない話には、完全にスイッチを切った。

「あれは解離なんだろうか。口はぽかんと開けて、そこらへんの紙をびりびり破るの。直視したくないことを言われるから、切るんだろうね」

恭子さんとしては「せめて頭の片隅にでも、入れておいてほしい」と一生懸命話した。しかし、明日香ちゃんは一言。

「はああ？　それが、何？」

その態度に腹が立って、彼女が座っている椅子を蹴飛ばした。

するとのは胸に手を当てて、明日香ちゃんはしくしく泣いた。

「なんで私は、こんなになっちゃうんだろうって思ったよ。なんで、もっとクールに理論的に対処できないんだろうって。なんでアスカのことでは理性的でいられなくて、こんなに感情的になっちゃうんだろうって……」

それは恭子さんが、明日香ちゃんの親になっていたからだ。親ってものは、子どものことでは到底、理性的でなどいられなくなる。

この頃になると、実母は完全に引き取る気は失《う》せていた。それは、明日香ちゃんにもわかっていたはずだと恭子さんは思う。しかし明日香ちゃんは止まらない。「お母さんと暮らす」という念願は、これまで積み重ねてきた学校の友達関係や勉強や川本家という家族をゼロにしてでも、明日香ちゃんにはなくてはならないものだった。

「おかあしゃまは、めがみしゃま。なんでもかなえてくれる、めがみしゃま」

六年生だというのに、赤ちゃん言葉で実母にすがった。

それは唯真ちゃんが「どんなことをしてでも、もう一度お母さんと暮らすのだ」と必死で願ったように。

「子どもの虹情報研修センター（日本虐待・思春期問題情報研修センター）」の増沢《ますざわ》高《たかし》研修部長は、「施設の子、里親の子もほとんどが、実の親のところへ帰りたいと言います。それほど親とのつながりというものは強い」と語る。

なぜ、それほどまでに親を希《こいねが》うのか。一度は「捨てられた」も同然だったというのに。増沢氏は、キーワードは「喪失」なのだと説明する。

「子どもは、養育者に依存して生きる存在です。〝捨てられた〟も同然のように施設や里親に措置されても、それを認めたくない。〝見捨てられる〟ことへの不安と恐怖を強く抱《いだ》いています。しかし時間と共に、事実として向き合わなければいけなくなった時、それは大きな喪失体験となって子どもを苦しめます。虐待はトラウマという、傷つけられた体験で語られがちですが、一番重要なキーワードは、喪失なのだと思います」

お腹《なか》を痛めて自分を産んでくれた唯一無二の母親という存在から見捨てられる、切り離されるということは、自分自身の存在の否定につながるほど切実なことだった。明日香ちゃんも唯真ちゃんも自分をなげうってまで、母親と細い糸一本でつながろうとした。つながるために、母をどんどん理想化して現実から目をそらす。そうでなければ、なぜ自分がこの世に生まれ落ちたのか、その理由が消えてしまうとばかりに。確かに、自分の根っこがないという感覚で生きていくのは、誰しも難しい。

一般に「親の、子への愛は無償だ」と言われるが、虐待を見ていく限り、それは逆だとしか思えない。子の、親への愛こそが無償なのだ。

「あんたね、今は川本って姓を使っているけど、戻ってきたら前の名字だからね」

実母は校長室に入ってくるなり、明日香ちゃんにいきなりこう切り出した。

十二月の転校を前に、新しい学校との引き継ぎのために、恭子さんは、担当の児童福祉司と一緒に明日香ちゃんを学校に連れて行った。学校側は校長と担任教諭が立ち会ったが、その場に遅刻してきた実母は、挨拶もなしに娘にこう宣言した。

前の名字という「岡崎」は、今の実母の姓でもなければ実母の旧姓でもない。実母の前夫、つまり明日香ちゃんの実父の姓だ。弟とも妹とも、まして今の実母とも違う姓でこれから生きていけと、実母は第一声で命令した。

次にさまざまな「条件」をまくしたてた。

「うちじゃ、あんただけは違うからね。おじさんの言うことは全部、聞かないといけないからね。弟と妹の言うことも聞かなきゃならない。二人の面倒も見ないと。あたしがいない時、二人をちゃんと学校へ連れて行くんだよ。それと朝、洗濯物は全部洗濯機に入れて洗濯するんだよ。わかった?」

明日香ちゃんは下を向いて、うなずいた。

「うん、それでもいい。それでもいい」

恭子さんは明日香ちゃんがかわいそうになって、こう言った。

「アスカ、無理するな。うちでもそんなことできないでしょ」

担当の児童福祉司は、実母の勢いに完全に呑《の》まれていた。

女性校長が、母親を自分の前に呼び寄せてこう言った。

「あなたね、今、この子に言ったことは、あなたがすることですよ。小学六年生の子に、本当はあなたがやらなきゃいけないことをさせて、あなたは楽をする気なの？　子どもを学校に行かせるのは、あなたの仕事なんですよ」

「だから、それはアスカにやらせる」

「あなたね、今も週に何回、子どもを遅刻させているの？」

「だから、あたし、言われれば、連れてくるじゃん」

このやりとりを見ていた恭子さんは、開いた口がふさがらない。校長は恭子さんに向かって説明した。

「川本さん、週にいっぺんはお母さんにこうやって校長室に来てもらって、私、話してるんですよ。ほかに誰も言ってくれる人がいないようだから、私が話してるんですけどね。子どもを朝、ちゃんと学校に行かせるようにって」

実母は一向にこたえていない。

「そんなこと、川本さんに言って、先生、悪いわ。人が悪いわー」

恭子さんは自嘲気味《じちょうぎみ》にこう話す。

「あの時、いやー、実に楽しい家庭なんだなーって思った。社会性の全くない、楽しい家庭だって。お母さん、校長先生に言われたところで何も困ってないし、怒られてもなんとも思っていない」

恭子さんは、明日香ちゃんがこうなることも含めて腹をくったんだろうと思った。

校長先生は明日香ちゃんに向かって話し出した。

「あなたは十二月から、この学校の児童です。あなたにはこれからいろいろあると思うけど、あなたのことを思って今、これだけの大人が集まっています。何かあったら相談してくださいね。忘れないでね」

この時初めて、明日香ちゃんはボロボロと涙を流した。

明日香ちゃんの涙などおかまいなく、実母は明日香ちゃんの荷物を見てきーっとなって叫んだ。

「こんなもの、どこに置くの！」

この日は荷物を持ち帰り、川本家へと明日香ちゃんは帰った。そしてこの夜、実母から恭子さんに電話があった。

「条件の追加があるの。この条件を呑むなら帰ってきていいと、アスカに伝えてください。ゲームは、おじさんの目の前でしかやってはいけないって」

継父の帰宅は夜十時か十一時。それは明日香ちゃんに週末以外、ゲームをしてはいけないという宣言だった。弟や妹は自由にいつでもゲームをやれるのに……。

明日香ちゃんはこうして、川本家を去っていった。

「私はもう、この家を出て行ったら、(実親に)お返ししたという思いだった。アスカがいなくなったら、カズキとリュウヤが肩の力が抜けたように畳の部屋でコロコロ転がっていた。ニコニコ、ニヤニヤ笑ってふにゃふにゃなの。二人ともだいぶ、アスカに遠慮してたから。アスカは二人を威圧していたし、私もピリピリしてたでしょ。そういう意味では、限界だったんだよね」

明日香ちゃんが選んだ新しい生活は、誰もがうまくいくはずがないと思っていた。おそらく明日香ちゃんにもわかっていたことだ。しかし、それはどうしても認めたくない現実だった。

明日香ちゃんが去って三日たった頃から、連日連夜、恭子さんのところに実母から泣きながら電話があった。

「ダンナが、あたしを怒るの。アスカが弟を邪険にしたって。弟は『アスカなんか、出てけ』って言う。アスカはごはんも食べないし……」

「お母さん、食べないって言葉はあの子の辞書にはないから、アスカに食べさせてよ」

「アスカは洗濯物も出さない。ほんと、ふざけてる」

「風呂に入る時に、脱ぐんじゃないの？」

「アスカは風呂にも入らない」

「あの子は、入りなさいと言わないと風呂に入らない子だから、そう言ってあげて」

実母は、夫に怒られるたびに泣きわめいて電話をしてきた。

「ダンナが、アスカのこと『あんな子、嫌いだ』って。なんで、ここにいるのかって、あたしばっかり責められる。弟も『アスカなんか、ウチに要らない』ってあたしを責める。全部、アスカのせい」

「お母さんはどうなの？　アスカのこと、どう思ってるの？」

「夜は弟を空手道場に連れて行くので、あたしは忙しいし、アスカはもっと役に立つかと思っていたのに……」

その後しばらく連絡がない日が続き、何とかうまくやっているのかと恭子さんもほっとしていたが、ある夜、様子を聞こうと電話を入れた。電話に出た実母は、まくしたてる。

「ダンナの親が今、病気で、うちにも遺産が入るかもしれないから、毎日、看病してんのよ。ダンナの実家に泊まり込んで。そこから毎朝、息子と娘を学校に連れて行かなきゃならないから、あたしはめちゃくちゃ忙しいの」

「アスカはどうしてるの？　アスカは？」

恭子さんは身体の震えが止まらない。血のつながりのない明日香ちゃんは、向こうの家では迷惑な存在だ。

「アスカは一人で、家にいる。あたしの姉が近くにいるから、ごはんはやってくれるから、別にいいでしょ。お金もアスカには渡しているし」

「そんな問題じゃない。子どもをたった一人で生活させておくなんて、一体、どういうつもりなの」

　小学六年生の女の子が一か月近く、たった一人で暮らしていた。恭子さんは古い借家を思い出した。五百万の車に乗っている家族が暮らしているとは思えない、昼間でも薄暗い長屋のような借家だった。そんなところに女の子が一人でいるなんて、一日だって危ないというのに……。恭子さんは急いで児相に連絡をした。

　児相の児童福祉司が様子を見に行ったが、保護はできないという。

「川本さん、なんで、余計なことをしてくれた！　迷惑よ」

　実母から怒りの電話を受けたものの、恭子さんには明日香ちゃんを救う手だてもなくどうしようもできずにいた。実母に引き取られてから二か月近くが経った頃、明日香ちゃんが家で問題を起こした。

「私も事情がよくわからないんだけど、子どもだけで留守番をしていて、アスカが料理を作っている時に、弟がアスカをバカにしたみたいなの。それでアスカがつい、弟に包丁を向けてしまったらしい。弟が父親に訴えて、父親は『こんな子とは金輪際《こんりんざい》、一緒に暮らせん』となって、児相に保護された」

家庭復帰から二か月たらずで、明日香ちゃんは実母の家から追い出され、ベテランの里親さん宅に引き取られた。

必死に追い求めた夢が破れ、明日香ちゃんは無軌道状態になった。里子は明日香ちゃん一人、里親さんが仕事に出ている間、明日香ちゃんは学校にも行かず、昼夜逆転の生活となった。深夜、大人が寝静まると居間でテレビを観《み》る。

「寝なさいよ。もう、遅いから」

「うるせーよ、このババア。うるせー、くそジジイ」

学校には行かず、夕食も里親さんと一緒に食べることはない。注意すると荒れるばかりの明日香ちゃんに年配の里親さんは音《ね》を上げた。子どもとの関係が悪くなると、恭子さんが味わったのと同じように、逃げ場のない里親は自分たちの生活自体が脅かされることとなる。

恭子さんへ、実母から何度かメールが入った。

「アスカが、今の家の文句ばっかり言っている。川本さんのところがよかったって言っている」

誰がぶち壊したのだ、そう恭子さんは言いたかった。

児童相談所が明日香ちゃんと実母と話した結果、明日香ちゃんは、特別なケアが必要とされる子のための情緒障害児短期治療施設への入所が決まった。

担当の児童福祉司は、「川本さんのところへは、もう戻さない」という方針だった。恭子さんもそれでいいと思ったという。

「もう、私だけの問題ではない。アスカが戻ってきたら、またチビたちが落ち着かなくなる。私はここの家みんなの〝お母さん〟だから」

前出の子どもの虹情報研修センターの増沢氏は言う。

「要保護児童というのは、（児童相談所での児童虐待）相談対応件数約六万七千件の一割です。いかに大変な問題を抱えている家族がたくさんあるのか、この数字が物語っているかと思います。保護された子どもはずっとそのままというわけではありません。家庭に戻すことを目指すのは悪いことではないのですが、そのためには家族が子どもと安全に暮らせるほどに変わっている必要があります。そうでない場合、再び虐待が発生する危険があるからです」

唯真ちゃんの場合は、家庭に戻ったことで取り返しのつかないこととなった。明日香ちゃんは母親を理想化して突っ走り、二重に傷つくこととなった。恭子さんはこう話す。

「アスカの夢が破れて、よかったのかもしれないって思う。意地悪を言うんじゃなくて、現実にはこうなるよと私は伝えていたし、これで現実を現実として受け止めてくれれば……」

「喪失」の問題を埋めていくためには、親を恨みっぱなしで切ってしまうのでも、明日香ちゃんのように現実から目を逸《そ》らして理想化するのでもなく、現実を現実として受け止めていくことが大切なのだという。増沢氏は言う。

「思春期になれば、自分の生い立ちを振り返るようになります。子どもは、自分に起きた過去と現実の境遇を受け止めなくてはなりません。子どもが家族を恨む気持ちは当然です。しかし恨み続けていても、未来は開かれません。つらい時期を乗り越え、今の生活が充実し、未来に向けて夢を持って歩むようになった子どもや青年からは『ひどい親だったけど、もういいよ』と聞かされることが少なくありません。ある意味、〝許し〟の気持ちが芽生えるようです」

　情緒障害児短期治療施設は、軽度の情緒障害を有する児童を対象とした施設で、二〇一三年十月一日時点で、全国に三十八か所あり、千三百十人の子どもが暮らしている。施設には、一人以上の医師と、おおむね子ども十人あたり一人以上の心理療法担当職員の配置が義務付けられ、施設内で心理療法なども行われる。

　私が訪ねた施設では、小学一年生から高校三年生までが暮らしていた。それぞれ深刻な虐待の体験を抱え、ほとんどが児童精神科に通院していると職員から説明を受けた。

　昼間、大いに盛り上がって一緒に宿題をした小五の女の子が夜、私を初めて見る大人のようにおじぎをした。彼女は消灯後、「切っちゃった」と自傷した手の甲を職員に見せ、薬を塗り絆創膏《ばんそうこう》を貼《は》って血を止めてもらうと安心したように布団に入った。

陸上が得意で「部活・命」とはしゃいでいた中二の子は、「ハイになって眠れない」と職員から頓服薬《とんぷくやく》をもらって就寝した。

取材に応じてくれた指導課長はこう言った。

「入所してくる子どもに、私は『よく、生きていてくれたね』って言います。そして『さあ、ここでどうやって生活をして、どうやって社会に帰ろうかね』と話します。ここには大きな声で話す職員はいません。子どもたちにとって大きな声は、怒鳴り声だからです。パニックになりますから、バタバタと走ることもしません。ここまでやらないといけないいんです。自分を守るために、いつも緊張して過覚醒《かかくせい》で生きてきた子たちですから」

この施設の施設長は長年、子どもたちの苦しみを見つめてきた。

「子どもたちは親から捨てられ、あるいは虐待を受け、マグマのような怒りを内にため込んで苦しんでいます。だけどそうした生い立ちから逃げるのではなく、苦しみながらも、それを受け止め、乗り越えていくしかないんです」

この施設長自身、元《もと》被虐待児だった。この施設で十歳から十八歳まで育った。「青年期が最も苦しかった」という。夜、抑えようのない怒りが噴出して、無意識に頭を壁にぶつけていたことが多々あった。施設で信頼できる「いい先生」に出会ったことが救いだったと語っていたが、「出会った人の支え、サポート」により今があると思うからこそ、思春期になった子どもたちには自らの生い立ちに向き合ってほしいと願い、しっかり支えたいと思っているという。

職員曰《いわ》く、「やっと、人になった」という中学二年の女の子がいた。小学一年で入所した時は四つん這《ば》いで這い、手づかみで物を食べ、口がちゃんと閉まらずボロボロこぼし、仰向けに寝て鯨の潮吹きのように嘔吐《おうと》した。激しく物に当たり、女性職員は蹴飛ばされて顔を縫った。後ろからコンパスで背中を刺されたという男性職員もいる。その子は代理ミュンヒハウゼン症候群の被害者の「その後」の可能性があった。

私が滞在した夜、彼女は一緒に入浴するはずの子が先に入ってしまったのを見て、ぼろぼろと涙を流し赤ちゃんのように両手を振って、その子に悲しみを訴えた。

「彼女はやっと、人になりました。泣けるようになったこと、気持ちを表現できるようになったこと、すべて成長です。私たちの関わりは、傷ついた子どもに寄り添って、どうやって一緒に過ごしていくか。目指すところは、自分で自分を治す力をつけること。見守ってもらった体験のない子どもたちのそばにいて、孤独にしないよう見守って、自分を大切にする気持ちを高めていくことです」

金曜の夜、小学生が寝静まった施設では、中高生がリビングの畳敷きコーナーに集まり、ひっそり寄り添っていた。編み物をする子、受験勉強をする子、テレビで映画を観る子と、それぞれ思い思いに、肩を寄せ合って夜を過ごす。そのひそやかな静けさに、胸が締め付けられるような思いだった。

「ねえ、家族って大変？　家族って、難しい？」

夕食のテーブルで、突然、こう聞いてきた中二の子は、聡明《そうめい》な眼差《まなざ》しが印象的なショートカットが似合う女の子だった。職員によれば、「彼女はありとあらゆる虐待を受けており、小学生の時は心療内科に入院していた」という。彼女は昼間、施設のキッチンで「私、ホットケーキが好きなんだ」と、にっこり笑って小さなホットケーキをいくつも焼いてみせてくれた。

こんな女の子たちの中に今、明日香ちゃんもいるのだろうか。

明日香ちゃんは今、穏やかな環境のもとで生きているのだろうか。少しでも「お母さん」を対象化できるように、そのための日々を生きていると思いたい。

明日香ちゃんの話を一通り終えた恭子さんは、ポツリと言った。

「いろんな思いをした子が、あとになって私たちと一緒に過ごした時間を、楽しかったなーって思い出してくれればいいって思うの。家族って楽しいなーって感じてもらえれば。そのために、私たちがいるのかなって。我慢じゃなくて、ここで楽しかったねって思えるようにね。私やお父さんに包み込まれて、家族になっていけたという体験をこの家でしてもらえたならば、私は幸せなの」

恭子さんはふっと、ため息をついた。「だから、そうはならなかったアスカちゃんに対してね……」と、言葉を置く。

「お母さんだけが原因じゃない。私がもう少し、毅然《きぜん》とアスカちゃんに指導ができていれば違ったのかもしれない。私の中でどこかきっと、疎《うと》ましいと思ったのだろう。一〇〇%、この子の人生を背負ってあげようと思っていたら、たぶん、こんな結果にはならなかったと思う」

そう言い切って、恭子さんは私の顔を見据え、吹っ切れたように明るく笑った。

「でもね、しょうがない。詫《わ》びる気もないし、懺悔《ざんげ》する気持ちもない。ああ、でも私、今、初めて整理がついたのかもしれない」

第五章

沙織

――「無条件に愛せますか」

大人になった「被虐待児」に会いたかった。

そして旅の最後に、私は一人の女性と出会った。

その女性が、滝川沙織《たきかわさおり》さんだ。出会ったきっかけは、児童養護施設出身者などで作る当事者団体、「日向《ひなた》ぼっこ」に連絡を取ったことだった。「日向ぼっこ」は児童養護施設や里親家庭など社会的養護の場で育った人たちの居場所作りからスタートし、行政に当事者の声を届けたり、社会的養護の重要性を広く訴えるなど幅広い活動を行っている。

当時の理事長であり、自身も養護施設で育った渡井《わたい》さゆりさんが紹介してくれた沙織さんは、元《もと》被虐待児として渡井さんの講演会に参加するなど「日向ぼっこ」の活動とつながりを持つようになっていた。

渡井さんは、私にこう話した。

「ちょっと前までは調子が悪かったのですが、今なら話せると言っています。お子さんが二人いる方です」

まだ見ぬ女性を思う。精神的不調を押してまで語ろうとしてくれている、その重さを。非常にデリケートな取材になることを覚悟し、彼女に起こった「事実」を正面から受け止めたいと、私は沙織さんが暮らす街へと向かった。

目が合ったほんの一瞬で、お互いが目的の人物だとすぐにわかった。二〇一二年二月、彼女が住む街にあるホテルのロビーで、私たちは待ち合わせた。

小柄で華奢《きゃしゃ》な女性の顔が、ふわっとほころぶ。切れ長の瞳が美しい、理知的な雰囲気の女性だった。ユニークなデザインの白いニット帽がよく似合う。白のセーターにグレーのジャンパースカート、茶系の短めのブーツ。アート系のセンスを感じるコーディネートに、「彼女らしさ」を感じた。

「すごい、かわいらしいわー」

対面した瞬間、反射的に口をついて出た。

「何を、あほなこと、言《ゆ》うてまんねん」

絶妙な突っ込みに、笑いが止まらない。こうやって時にちゃかして、サラリと語ろうとしていることが彼女から伝わってきた。

「あのね、どうかなーと思ったんですけど、これ、ちょっとまとめてみたんですよ」

はきはきとした語り口に、率直さがにじむ。彼女はたった一回の取材で、自分のすべてを語りつくすことはできないことを熟知していた。だからこそ、あらかじめ、〈生い立ち〉と題したメモを作成し、差し出してくれたのだ。

メモを何気なくめくると、「強姦《ごうかん》される」「性的虐待」という文字に心が射抜かれる。まさか……と思う。これから受け止める事実に、自分はたじろがないでいられるのだろうか。

沙織さんは「あっ、よかったらこれも……」と、医師と臨床心理士の名前が入ったコピーも渡してくれた。それは、以前住んでいた地域のクリニックから現在通う精神科クリニックへの紹介状だった。夫の転勤で引っ越してきたばかりなのだという。「診療情報提供書」と題された、家族歴や病状経過、心理学的所見などが記された書面に、彼女の覚悟が見て取れた。

滝川沙織さんは四十代前半。喫茶店で改めて対面し、彼女の口から真っ先に出てきたのは子どものことだった。

「下の子、二歳の男の子なんですが、これは私の遺伝だってわかったんですけど、視覚障害でいずれ、目が見えなくなるんです」

突然、目の前に投げ出された言葉がなかなか「意味」へとつながらない。

「えっ？　それって失明するということ……？」

沙織さんがこっくりとうなずく。

「今も、光がわかる程度なんです。今、見えるうちにいろいろ教えてはいけるんですが……。でも私の遺伝なんだっていうことがわかって、ほんとうにショックでした。上の女の子にもその要素はあって……。私、今、下の子がかわいくて仕方がないんです」

そう一気に語って、「男の子だからなのかなー」とぽつり。四歳上の長女に対しては正反対の感情しか持てないときっぱり言う。

「上の子は女の子だからなのか、育児のたびに否《いや》が応でも自分とかぶるんです。育児をするうえで、フラッシュバックを体験するというか……。『あの子歩いたな、よかったな。うれしい』って思った瞬間、『誰が私が歩いたのを喜んだ？　誰が私が歩いたのを見ただろう』って、だんだん上の子に当たっていくんです。こういうのを成長の節目、節目に思うんです。クリスマスも誕生日も私にはなかった。なのに、娘がプレゼントに文句言ったりするのが、とにかく許せない。娘は広汎性《こうはんせい》発達障害で、三歳まで夜中でも一時間ごとに起きていました」

クリスマスも誕生日もなかった子ども時代。沙織さんの年代の子どもにとって、それは「普通」の育ち方ではない。両親の愛情に包まれて育ったのではないと、その事実が語っていた。

それにしても、わが子に愛情を注ぎ、普通の親と同じように育てようとすればするほど、自分の過去と向き合わざるを得ないという被虐待児の現実を初めて知った。「してもらえなかった自分」の悔しさや悲しみが子どもの成長の節目ごとに湧きあがってくるのが、被虐待児にとっての子育てなのか。だとすれば、それは何と困難なことだろう。

加えて彼女は、子どもの障害まで背負わなければならない。

「上の子、本当に寝ない子で、三歳まで一時間ごとに起きて、そのたびに大泣きするんです」

一時間ごとの断続的な睡眠が三年も続く……。それは、果てのない地獄ではないか。はるか遠い昔だけれど自らの子育てを振り返れば、夜中に数度の授乳が続いている間、未来など何も見えないような気がしていた。ただただ、目の前の赤ん坊が、この授乳が済めばそのまますやすやと眠ってくれることだけを念じていた。毎夜、その繰り返しだった。

だけど私の場合、一年で終わりが来た。わさびをちょっと塗った乳首をふくませた「断乳」の儀式の後、授乳を求めることなく、一晩ぐっすり眠るようになった長男を前に、やっと出口のないトンネルを抜けたような思いがした。次男は癇《かん》が強く、長男と違って育てにくい子ではあったけれど、沙織さんのケースに比べれば、難なく育ってくれたというのが実感だ。

たとえどんなに子育ての苦労があっても、赤ん坊の天使のような微笑《ほほえ》みがそれを吹き飛ばしてくれるものだ。沙織さんは頭《かぶり》を振る。

「授乳していても乳首を噛《か》むし、赤ちゃんの愛らしさが全くない。無表情で、にこっと笑うこともしない子でした」

それでは苦痛のみを背負う子育てではないか。

加えて私自身、子ども時代の記憶には、誕生日もクリスマスもある。歩いたことを喜んでくれる両親もいた。一番古いアルバムには、歩いた日の記念という足型があった。父が、初めて一歩を踏み出した娘の足に墨汁を塗って残してくれたのだ。そうやって成長を喜んでくれる親が、私にはちゃんといた。

しかし、沙織さんは違う。〈生い立ち〉のメモには、まずこう書かれてあった。

「もらわれっ子のさおりちゃんとか、お寺のさおりちゃんとか呼ばれていました」

沙織さんは生後間もなく両親が離婚し、父方の祖父母と養子縁組をした。だが、本人の理解では「生後四か月か、七か月の時」に、祖母が新聞で見た「里子村」という場所に沙織さんと三歳上の兄を連れて行き、その土地のお寺に預けて去った。それも数軒の家を回っても引き取りを断られたため、無理やりに孫二人をお寺に置いてきたのだという。

「里子村」というのは、身寄りのない子どもを預かる家庭が多いという山里の村に新聞記者が付けたネーミングだった。祖父母は養子縁組した孫を託す場所を、児童相談所を通さずに直接、新聞で目にした里子村に決めたのだ。戦前や戦後すぐの話ではない。一九七〇年代初めのことだ。

「私は何も知らないのですが、そのお寺には私と兄が預けられた時に、五人か六人の里子がいたそうです」

沙織さんはとても痩《や》せていてミルクも飲まず、医師に「死ぬかもしれない」と言われるほど虚弱な赤ちゃんだった。二歳まで歩くことができず、這《は》っていたという。

これらのことを沙織さんに教えてくれたのは、里子の面倒を見ていた当時五十九歳のお寺の「おばあちゃん」だった。〇歳から実父に引き取られる十二歳まで、沙織さんにとって「育ての母」は、このおばあちゃんだ。沙織さんはおばあちゃんが大好きだったという。しかし実際、このおばあちゃんがどれほど里子の「面倒」を見たのかは、沙織さんの話を聞く限り、疑問が残る。沙織さんが育った環境は、ネグレクトと言っていい。それでも沙織さんは「それが当たり前だから、子どもの頃はそんなものだと思っていた」という。

「お寺にも子どもはいるけど、うちら里子だけが毎朝、お寺の本堂から縁側までの雑巾《ぞうきん》がけをやるの。朝早く起きて、真冬でも毎日、冷たい水で。〇歳から暮らしているので、それが当たり前だった」

いつも空腹で、ひもじかった。

「お腹《なか》が空《す》いてどうしようもなくてね、だから近くの店でおやつとかをくすねたり、友達の家から持ってきたり、ごみ箱をあさったり、そういうのが、毎日。そうするしかなかった」

「すごく、恥ずかしかったんだけど……」と沙織さん。

「下着もすっごいちっちゃい時から自分で洗うもんだから、洗い方も知らないし、パンツは裏表、どっちも穿《は》いていたの。裏返して。だって、知らないから、そうするのかと思ってた。それで友達の家に行った時にね、そこのお母さんに『あんた、そんな汚いパンツ穿いてー。穿き替えておいで』って言われてね。穿き替えてって言われてもきれいなパンツなんて持ってないし、もう、どうしようもない。ごみ箱をあさって、そこから拾ってきたり……」

髪の毛の洗い方も知らなかった。

「幼稚園ぐらいの時には、一人でお風呂に入ってた。だから、髪の毛をどう洗うかもわからなくて、頭の右と左を半分ずつ洗ってたんです。誰も洗い方を教えてくれないし、お箸《はし》の持ち方だって教えてもらったことはないし、歯を磨いてもらわなかったから、虫歯がすごかった」

ネグレクトを「発見」するために、歯科医の協力を得る自治体が多いのも、養育放棄が虫歯に端的に表れるからだ。

「足って、おっきくなるでしょう」と沙織さん。

「靴も買ってもらえないの。足が大きくなって、靴が小さくて足が痛いの。痛いまま履いていたんだけど、おばあちゃんに言ったんだよね、靴が小さくなって痛いって。そしたらおばあちゃん、買ってきたんだけど、小二の時に、二十四センチの靴を買ってきた。その靴を六年生まで履くんだけれど、もうぶかぶかで、ティッシュ詰めても大きくて、だから結局、小さくて痛いのを履いてたの。靴の親指のところに穴が開いてね」

夜、ぐっすり眠った記憶もない。

「不眠ということで、これがうつになるなら、私、小学校の時からそうだなって思います。小学校一年生ぐらいの時から、『わたし、なんのために生きてるんだろう』って思っていた。そんな記憶が最近、よみがえったんですけど……」

「お母さん」という言葉も知らなかった。

小学一年生の時に友達から、こう聞かれた。

「さおりちゃんって、なんで、お父さんとお母さん、いないの？」

「お父さんとお母さんというものがいるんだと、そこで初めて知って、おばあちゃんに聞いたんです。そしたら、『お父さんとお母さんは亡くなった』と言われ、それで納得したというか」

友達のお母さんが大勢やってくる授業参観に、沙織さんのためにやってくる人はいない。運動会もそうだ。

「全然、知らないおっさんと障害物リレーを走るんだけど、『あんた、誰よ』って、怒って走っていた記憶があります」

おばあちゃんのことは、大好きだったと沙織さんは振り返る。ただし成長してからは、無邪気にそうは思えなくなった。

「おばあちゃんのことは無条件で好きだったんだと思う。でも大きくなってから、おばあちゃんにとっては私が一番でないことがわかり、『育てた人』と思うことにしました。私はおばあちゃんにとっての子どもでも孫でもなく、相手には私に心からの愛情がないとわかったから……。だから、そう思おうと自分を変えたのかもしれません」

たまたま取材の日の三週間ほど前に、おばあちゃんが九十九歳という高齢で亡くなり、お葬式に行ってきたという。

「そこで十年ぶりに実の兄と再会したんですが、他の里子は誰も見送りに来なかった。そういうことだったのかなーって思ったんです。他の里子たちが感謝するような存在ではなかったんだって」

里子たちには「おばあちゃん」への複雑な思いがあったことに、葬儀の場で気づいた。そういえば今、改めて思い返せば、おばあちゃんは自分に「必要最低限に接していた」ことがわかってくる。ただ当時の沙織さんにとって、それが〝親〟がする当たり前のことだった。

それにしても、実兄と十年ぶりに再会したというのは、どういうことなのだろう。

沙織さんは中学一年の時、実父と再婚相手の継母に引き取られ、兄と共に里子村を出る。

「実父と継母も今から十年前ぐらいに離婚して、兄貴ともそうですが、そこから家族はバラバラ。継母に彼氏ができて、そこから疎遠になったんです」

この継母もまた、「おばあちゃん」の死から三週間後、つい先日に亡くなったばかりだった。

それにしても、里親から「死んだ」と聞かされていた父親が実は生きていて、急に引き取りに現れたというのは、青天の霹靂《へきれき》以外の何ものでもなかっただろう。こうして実父に引き取られ、沙織さんと兄は田舎《いなか》の山村を出て都会へと向かう。生まれて初めて、自分の親とともに「普通の家」で生活するのだ。

しかし沙織さんが渡してくれたメモには、彼女が触れなかった一行があった。「小学校六年生　強姦される」と。

「沙織さん、あの、これは……」とメモを指さす。

いずれ、聞かれることはわかっていても、敢《あ》えて避けたのだろうか。

「ああ。そうなんです。強姦された時はまだ生理がなくて、だから幸いだったというか。あの時、十一歳だったから、私、生きていられたのかもしれない。友達と二人で遊んでいて、私が選ばれた。ナイフを突きつけられて、『何年生だ』って。一回逃げたけど、足が震えて。だって友達置いて、逃げられない。怖かったけど、あとで何されたかわかった時の方が怖かった」

それ以上、その内容までは聞けなかった。「聞いてはいけない」と目の前で硬くなった沙織さんの身体《からだ》が語っていた。

それにしても、なんと惨《むご》いことが起きたのか。

「あの時、あの場所にいなければ……って何度も思ったし、あそこにいた自分が悪いって、もう自分が許せなかった。私が悪いんだ、私が悪いんだって……。周囲の大人の目も、自分を責めているようにしか思えなかったんですよ。どんどん、自分を追いつめていった」

あの日から少女は一つの思いにすがってきた。忘れよう、忘れたい。ずっとずっと、そう願ってきたのに……。

「よみがえるのは簡単だった。よみがえる日はすぐに来た」

沙織さんは、新生活を「地獄」と表現した。メモにも、こう書いてある。

「父親の暴行、暴力、そして継母の精神的な虐待に九年間、苦しみました。『バトル・ロワイアル』のような感覚で、いつでも死ぬ覚悟で暮らしてました」

いつ殺されるかわからない、そうなってもしょうがないという日常生活。なぜ、運命はこんな形に暗転したのか。「お寺」を出た時には、「普通の家」でお父さん、お母さんとともに一家四人で暮らすことは、大きな喜びだったはずだ。

靴も買ってもらえるし、汚いパンツを隠すこともない。お腹が空いて万引きするしかなかった生活とはサヨナラできる。

いや、何より、沙織さんにとって大きかったのは、初めて「お母さん」と呼べる存在ができたことではなかったか。継母は美しい女性だったという。

「お母さん」――初めて呼んだのはいつだったのか。沙織さんは今、辿《たど》ろうともしないが、おそらく初めて声にしたその言葉は、沙織さんにとって甘美なものだったに違いない。

「お母さんって呼んで、お母さんと手をつなぐのがすごい、うれしかった。最初は、べたべたくっついていた。あのね、ある時、お母さんの胸に手が当たったの。初めてで、やわらかくて気持ちがよくて、お母さんの胸を触りたくて仕方がなくて……。それまで、甘えるってこと、したことないでしょ。私が甘えることに慣れてないからだろうか」

十三歳の少女はおそるおそる、「お母さん」へと手を差し伸べる。しかし、その手は空をさまようだけ。受け止めてくれる「お母さん」から返ってくるのは、憎々しげな言葉だった。

「何を甘えてくるの。あんた、私が産んだ子でもないくせに」

沙織さんは今なら、こう言える。

「それ、おまえ、『死ね』より、酷《ひど》い言葉なんだよ」

少女はなんとしても、「お母さん」に振り向いてほしかった。継母は兄をかわいがるため、沙織さんは初めて「嫉妬」という感情も知った。この頃は夫婦仲もよかったので、父親にも嫉妬した。お母さんに振り向いてほしい、私を見てほしい。それが少女の一番の願いだった。

ある日、学校で血を吐いたため、母親へ迎えに来るように呼び出しがあった。不慣れな都会という環境に加え、新しい家族とのストレスからか、沙織さんは胃潰瘍《いかいよう》になっていた。

保健室のベッドに横たわりながら、親の迎えを待つ間、子どもは甘美な思いを抱くものだ。

「お母さんが来てくれる。私を心配して来てくれる……」

心配した母親が自分のために駆けつけてくれて、この時ばかりは他のきょうだいよりも誰よりも、自分が特別で大事にされることがわかっている。学校を早退《はやび》けできるのもうれしいし、何か、特別なものを買ってもらえるかもしれない……。

そんな思いは、継母の顔を見た瞬間、一瞬で凍りついた。迎えに来た継母は、明らかに苛立《いらだ》っていた。当時、継母は一人でカメラ店を切り盛りしており、一家の経済を一人で担っていた。沙織さんの父親はヒモのような存在だったという。

こんなことで仕事を邪魔されたことへの苛立ちなのか、迷惑きわまりない厄介者への苛立ちなのか、継母は横たわる沙織さんに一瞥《いちべつ》をくれたのみで、さっさと学校から連れ出した。そしてそのまま、沙織さんを顧みることもなく、すたすたと早足でどんどん前を歩いていく。介抱してくれるどころか、心配する様子もない。

「お母さんに、すたすたと前に行かれてね、私、道でまた吐いたの。胃がとても痛くて……。吐いたらね、私のこと、知らん子の振りしたの。吐いている私を見て見ぬ振りをしたその顔が、今でも、私、目に焼き付いている。あの時、私、もう、お母さんと思うのはやめようってそう思った」

十三歳の少女にとっては身を切るほどにつらく苦しい「誓い」だったことだろう。甘く切ない思いを抱いた存在から拒否されたことは、心を砕かれたも同然だった。第四章で見た唯真ちゃんや明日香ちゃんも、心を砕かれることへの恐れから切実に母の愛にすがっていったのだ。

夢を託した家は、現実には「暴力」に彩られていた場所だった。父親はいつ機嫌が悪くなるかわからなかった。虫の居所ひとつで「今の若いもんは、なんだ?」と、息子を容赦なく殴り続ける。それを、沙織さんは笑って見ているしかなかった。

「生きるか死ぬか、地獄でした。兄貴が父親に殴られて血を流して泣いている時も、『なんで、おまえが泣くんじゃあ』ってこっちに暴力が来るから、怯《おび》えて涙を流しながら笑ってたんです。とりあえずニコニコしてないと機嫌が悪くなるので、顔だけは笑うくせがつきました」

沙織さんは精一杯、感情を表情から「消した」。

父親の暴力もそうだが、継母のヒステリックな言葉の暴力も常に起こり、いつ自分が攻撃対象とされるのかわからなかった。

継母の怒りは突然、噴出する。きっかけはなんでもよかった。たとえば、沙織さんに「ハンバーグを作っといて」と指示したハンバーグの出来が気に入らない。瞬間、タネの入った鍋《なべ》を壁にぶつけ、まな板や食器などを滅茶苦茶《めちゃくちゃ》に床に投げつける。

「そうなると、もう声のトーンまで変わってすごく恐ろしいの。『あんたを殴りたいけど、我慢してんのよ』って、いろんなものを投げるわ、ぶつけるわ」

沙織さんには忘れられない言葉がある。

「お母さん、あのね、あたし、弟か妹がほしい」

「あんたがいじめるから、作らん」

沙織さんは言う。

「継母は私を批判するのが生きがいだったみたいに、私への攻撃は異常なまでに激しいものでした」

「娘」となった少女へ向けられたものは、ヒモ状態の夫への不満だったか。あるいは、突然、思春期の子ども二人の母親になった運命への呪いなのか。

いずれにせよ沙織さんが感じた異様とも思える攻撃は、やり場のない継母の怒りが沙織さんの一身に向けられていたということだ。

加えて兄からは夜、性器を触られることが続いたという。

「私、お兄ちゃんが大好きだったから、横で一緒に寝てたんだけど、なんでこんなことするんだろうって。下着を下ろして性器を触ってくる。嫌だから、クッションとかで押さえてね。どうしようと思って継母に言ったんですけど、『そんなの、どこの家にもあることだ』って取り合ってもらえなかった」

別々の部屋ができてから兄の行為はなくなったが、沙織さんにとって「家」は、恐怖の館《やかた》のようなものだったという。

「普通は家って、やすらぐ場所だと思うんですけど、牢屋《ろうや》でした。毎日が、拷問《ごうもん》のような家。精神的な圧迫が半端じゃなかった」

どうやって「対処」したのか。

「感情を消そうと思いました。継母と接触する時は、何か嫌なことを言われるかもしれないと、初めから怒りや感情を抑え込んでいました」

私たちは時折、メールのやりとりをすることがあるのだが、二〇一三年二月にはこんなメールが沙織さんから来た。

「この前、『脳男』という映画を観《み》たのですが、もう、あれ、私だって！　私、脳女だって。感情の欠落した人間が、生きていくのに必要な受け答え方とかをあとから身につけるっていうのが、自分にも同じ要素を感じちゃって……」

沙織さんが反応したのは、感情を消して感覚を失《な》くした自分と「脳男」がシンクロしたからだ。感覚がない人間がどうやって人と折り合いをつけてきたのかを、スクリーンの生田斗真《いくたとうま》が体現していた。

やっとできた「お母さん」への素直な気持ちを封印するということは、自分の心をフリーズさせることだった。

私が初めて沙織さんに会った二〇一二年二月は、継母ががんで亡くなった直後のことだった。沙織さんは病床に出向いたという。

「ずっと会っていなくて、具合が悪いって連絡があって病院に行ったら、足がむくんでいて。私、ぼろぼろ泣いて、『会いに来なくてごめんね』って。そしたら継母が『これから良くなると思うから、待っててね』って向こうも涙を流したの。恨みとか、どうでもよくなった。一週間メールのやりとりをして、これからもっと会いに来ようと思ってたら、亡くなっちゃった」

この時から一年が経ち、当時よりかえって沙織さんの継母への思いは混乱している。最近のメールには「継母」と自分が出会ったことに対し、どう意味付けをすればいいのか、途方に暮れるような思いが綴《つづ》られる。対話が何もなされないまま、一方は亡くなり、宙ぶらりんで取り残された思いがあるからだろうか。

「今、いろんな思いが巡っていて、もし父と継母の戸籍に私が入れてもらえていたら、親と子という事実のつながりがあるだけ、何か違った気がするのかなーと思ったりするの。私はずっと、祖父の戸籍に入ったままだったから。継母との間にいい思い出があれば、穏やかに見送れたのかとか。嫌な思い出を薄れさせたいけど、いい思い出が見つからなくて。そんなにまでしないと、私は継母との出来事を受け止められないのかって……」

亡くなった直後の取材では、継母の行為を逐一、攻撃するということはなかった。それは継母への優しさからなのか？　こうメールで送ったところ、激しい文面が返ってきた。

「継母への優しさ？　あいつは鬼？　悪魔？　私を脳女に育てるために降りてきたんだわ。私の直感や感情、感覚なるもの、私の魅力までも滅多切り、八つ裂き、ボロボロにしやがった。なんのために？」

沙織さんは今、毎週カウンセリングを受けているというが、それは継母という存在を、自分の中で意味付けしたいという思いからだ。

「継母がやっていたカメラ屋のパートさんとか、継母の親友だった人とかに、私たちがどう映っていたか知りたくて、実の親子ではなかったという真実を伝えているの。私は継母と出会った意味がなんなのかを知りたいみたい。継母、死んだのよね。夢にも出てくるから、いい継母の夢を見れたら、理想なのに……」

「いい夢」は見られない。最近は夢に出てきた継母に、「ママハハのくせに！」と、あの時、言えなかったことをぶちまけた。

「やっぱり、あの人、なんだったんだろ。はあ……」

それは、前出の明日香ちゃんや唯真ちゃんと同じように、「喪失感」による苦しみなのか。無条件に「お母さん」と甘えたいと思った唯一の存在である継母は、沙織さんにとっては実母に近いように思う。本来なら依存できて、守ってもらえる対象であるのに、拒否され罵《ののし》られ、打ち捨てられたという喪失感が、沙織さんの苦しみの根っこにあるように思うのだ。だから今も、自分にとっての継母の意味を希求し続けているのだろうか。

「継母、実母、育ての親、いろいろいたけど、実のとか、血のつながりとか、どうも思わない。誰にも無条件の愛を感じることはなかったな」

大人になってから実母を探し出して会いに行っているが、感動の親子対面とは程遠かった。実母は沙織さんの父と別れた後、三回結婚し、三度目の結婚で授かった女児が六歳で小児がんにより亡くなったことを知らされる。

最近のメールで、こう話す。

「実母は生きてるけど、私の中では葬り去った。継母は実際に亡くなったのに、葬れていない感覚。実際に死んだとか、生きてるとかは関係ないなぁ。呪縛《じゅばく》は、この世からいなくなっても続く」

沙織さんは「無条件」という言葉をよく使う。とても大事なものとして。曰《いわ》く、子どもたちを「無条件に愛したい」と。そしてそうできていない自分を、責め続ける。また、継母から欲しかったのは何より、「無条件の愛」なのだとも。

あるいは、私にこう問う。

「祥子さんは、二人の子どもさんに、無条件の愛はありますか？　お母さんから、無条件に愛されている感じはありますか？」

それは十六歳、高校二年生の時から始まった。継母が実父と折り合いが悪くなり、実家へ帰っていた時期だった。兄は自立して家を離れ、実父と二人暮らしとなった。

実父は当時、三十九歳か四十歳のはずだ。

「最初はお風呂を覗《のぞ》くところから始まったんです。入ってこようとしたり。父親はちゃんと仕事に行っている人ではなかったので、何時に帰ってくるかわからないから気が休まらないの」

継母が出て行ってからほどなく、実父は沙織さんのお風呂を覗くようになり、やがて身体を触ってくるようになった。

「それがね、なんていうか、普通に家の中にいて、すれ違った時とかに、乳首とかにつーんって、手を出してくるの。えっ？　ていう感じで触られるから、払いのける暇もない。でもまさか、父親だし、やっぱり高校に行かせてもらっているのも父親のおかげだしと……」

ある時、父親が帰ってくる前にお風呂を済まそうと早めに入り、脱衣所にいた時に父が帰ってきた。

「脱衣所の扉を開けようとするの。『覗いちゃおう』って開けてきて、私、真っ裸でしょ。身体を拭《ふ》いている時だったから。バーンって父親を突き飛ばして、『やめてよー』って叫んだのを覚えている」

それでも、まさか父親だから、変なことはしないだろうと思っていた。ただ、沙織さんは部屋のドアに大きな鈴をつけて、入ってきたらわかるようにずっと警戒はしていた。

それは蒸し暑い日だった。ドアの鈴が鳴った。父親が部屋に入ってきて、赤ちゃん言葉で話しかけてきた。上半身は裸で、下半身は短パンだった。

「ちゃおちゃんにチューしたことないから、チューしようかな」

そのまま、ベッドに押し倒された。

「それから記憶がない。覚えていない。すごい気持ちが悪くて、もう硬直して、あとは天井しか見ていない。性的虐待に遭った人ってみんな、天井から自分を見てるって言うけど、その時は、それはわからないけど、ただただ、動けない。なんでだろと思うぐらい。お風呂の時みたいに、『お父さん、やめてー』って言えばいいのに」

ここから、継続的な性的虐待が始まった。

「なんで？　って、どういうふうに理解したらいいのかがわからない。レベルの低い天秤《てんびん》だけど、まだ継父ならわかるというか、よかったのにって思うのね。実の父親なんだよ。親父《おやじ》の気持ちは全く理解できない。だけど生活させてもらっているのは、父親のおかげだし……。不眠になって拒食になった。全部、寸断して考えるしかない。答えなんかないし、一生、許すことはできない。思い出さない日もあるけど、蒸し暑い時期はダメ。空気がね」

今、この国でどれだけ、子どもに対して性的虐待が行われ、沙織さんのような被害者が生まれているのだろう。おそらく私たちの意識下では、それほど多いものだとは思っていない。現に厚生労働省から発表される、児童相談所における「相談種別対応件数」(二〇一二年度)の割合においても、「身体的虐待」が三五・四％、「心理的虐待」が三三・六％、「ネグレクト」が二八・九％に対し、「性的虐待」は二・二％と非常に低いものとなっている。ここ数年、心理的虐待の割合は増えてきているが、性的虐待の相談件数が全体の三％前後というのは、年によってそう変化はない。

この数字が実態とかけ離れていると、臨床現場からの指摘がある。

前にも少し触れたように、「あいち小児保健医療総合センター」（あいち小児）において、二〇〇一年十一月から二〇一一年十月までの期間に、虐待で治療を行った患者数は千百十名。そのうち性的虐待を受けていたのは男性五十六名、女性百三十二名の計百八十八名で、全体の約一七％にも上っている。

同調査によれば、加害者は、女性へは実父、継父、母親の恋人・同棲《どうせい》相手、施設年長児（男女含む）、兄の順。男性へは施設年長児（男女含む）、母親、実父、継父という順になる。


言葉は途切れ、ふぅーっと息を吐いて沙織さんは続ける。

「あの家、板張りの天井なんですよ。今も夢に、その天井が出てきたりするんです。電気のコンセントとか、部分が出てくるんですよ。私、天井を見ていたから、そこが焼き付いてるんですね。『天井、板張りなんだー』って見ているの」

鼻腔《びくう》の奥がツンと痛む。それは悪夢だ。いや、実体のない悪い夢だったらどんなによかったか。少女の柔らかな心はグサグサに突き刺され、蹂躪《じゅうりん》され、身体から心を切り離し、天井だけを見る。

「身体がね、なんか、すごく重かった。硬直するから」

私には、言葉がない。もう、いいよと思う。それ以上、もう、「あの時」に戻らなくていいからと。でも沙織さんは何とか、私に伝えようとしてくれる。

「それはなんて言ったらいいのか……、うん、ちょっと表現できない。ともかく唇の感触とか、そういうのがほんと気持ち悪くて……。タバコのヤニの味とか。だからタバコ吸う人、すごい嫌だって思いますね」

当時の沙織さんには、実父の行為に対し「なんで?」という思いしかない。「高校に行けるのも、父のおかげ」と、被害に遭った後でも思っている。娘にそのような行為をする恥ずべき父親を責め、怒りを向けるのが正当なのに、いや、断固としてそうすべきなのに、「お風呂の時のように、声を出せなかった……」と、自分を責める。

前出のあいち小児の新井康祥医師は、性的虐待の被害者を治療してきた経験からこう語る。

「トラウマを抱える被害者全般に言えることですが、本人はまるで悪くないにもかかわらず、自分を責めたり、自己評価が低かったりします。だから、虐待の件について、『それは、お父さんが悪いと思うよ』と伝えても、『えっ、そうなの?』と言ってくれればまだましで、しばらく治療してからも、『自分が悪かったから仕方がない』とか、『お父さんのおかげで生活できているから』『お母さんにあまり迷惑をかけられない』と話す子も多いので、とても根が深い問題だと思います」

沙織さんは、メモに記す。

「なんのために生きているのかわからず、監禁されているような生活に怯え、感情をなくそうと決める」

最近も、「父親に襲われる夢」を見た。

「あの時と同じで、夢の中でも硬直していて動けないの。逆らえなくて、従うしかなくて、何とも言えない気持ち。だけど私、夢の中で初めて思ったの。当時は継母には黙っておいた方がいいどころか、そんな考えすら頭によぎらなかったんだけど、初めて、なんで、継母にこのこと、言えなかったんだろうって……」

いや、言ったところで守ってもらえたとは思えない。さらに傷つくことになった可能性の方が大きい。

実際、継母でなく実母であっても、娘が夫から性行為をされていることを知った後でも、生活のために夫との暮らしを継続するケースが多いと聞く。最悪なのは、娘が誘惑したなどとして、夫ではなく娘を責めるケースだ。こうして子どもたちは二重三重に傷を深めていく。

あいち小児の臨床例から、性的虐待の後遺症がいかに重症であるかが明らかになっている。解離性障害、ＰＴＳＤ（心的外傷後ストレス障害）、攻撃的・反抗的な行動を特徴とする行為障害が併存するなど、最難度の治療対象となるという。

最初に会った時、沙織さんは「私、たぶん、多重人格かと思う。真逆な、すごい凶暴な人格がいる」と語ったが——あまりにサラリと口から出てきて、えっ？　と思う間もなく——、沙織さんの中に別人格が生まれたのだとしたら、間違いなくその時だと私は思う。父親にのし掛かられながら自分に今、起きていることを他人事《ひとごと》のように切り離して、天井だけを見つめていた、その時。意識と身体を切り離すことで苦痛を遠くに追いやろうとした、その時。

凶暴な人格が、「いたずら」をしたことも多々あるという。

「前に住んでいたマンションの二階の住人に、『死ね、殺す、恨む、バカ』って書いて年賀状を送ってやったことがあります。あほなこと、やってるでしょう。そいつに気分を悪くさせ続けてやりたいと思ってしまうの。誰かに殺されろと思っている」

長女が寝てくれないという、しんどい思いを抱えていた時のこと。

「年配のおばさんとか、たまたま会った人に、『この子、寝ないんです』と言うでしょ。すると、笑って『あらぁ、そのうち、寝るようになるわよ』って。あたし、瞬間、そのおばさんにマジで殺意を覚えました。殺人衝動もあたし、あるんです」

自分の中に〝ジキルとハイド〟がいることを感じるからこそ、このままではいけないと、二度目の取材の時に沙織さんは「今日の取材は、〝結団式〟をしてきた」と言う。

父親による性行為を、つらいけれど、ちゃんと話すのだと。見たくないものだけど、きちんと見つめると。

「ハイドが出てきそうな時に、どうにか流していかないと、たぶん、上の子に悪影響が出る。この前、診察の時にね、パソコンの画面を覗いてカルテをちらっと見たの。『長男とは穏やかに接する。しかし長女の話になると、目つきが一変、言葉遣いも変わって、すごく強い口調』って書いてあってね。家に帰って『そんなに変わる?』ってパパに聞いたら、うん、上の子がかわいそうだって」


あいち小児では親の側にもカルテを作り、「親子並行治療」に取り組んでいるが、診察室にやってくる被虐待児の親の多くが、「未治療の被虐待の既往」を持っており、とりわけ深刻なのが性的虐待による後遺症なのだという。

診察室で杉山登志郎医師が見せてくれた、一冊のスケッチブックが忘れられない。それは治療中の子どもの母親に、診療の過程で「自由に」描いてもらったものだった。

黒いクレヨンで殴り書きされた不気味なタッチの絵の後に、明るい色彩の花畑が広がる。色とりどりの花々に青い空、鳥が舞う楽園の風景が、ページをめくれば一転、暗黒の世界となる。スケッチブックをめくるたびに味わう断絶に、医師の顔を見て「信じられません」と頭を振った。とても、一人の人間が描いたものだとは思えない。

解離性同一性障害――、この母親についた診断名だ。この女性には複数の人格がおり、それぞれの人格が、それぞれ思うままに描いた絵が綴られていたのだ。

この母親もまた元被虐待児であり、性的虐待の犠牲者だった。

あいち小児でカルテを作った親の実に六三％に性的虐待の被害があり、解離性同一性障害という診断名がついたケースは四二％にも及んでいる。

沙織さんに、別の人格がいても不思議ではない。


二〇一三年一月、久しぶりに会った沙織さんは、「最近、殺人サイトもあまり見たくなくなった」とぽつり。

「オカルト大好きだったんだけど、この前は吐きそうなくらい気持ちが悪かったし、しばらくは怖かった。殺人サイトも、今はもう、見ようとも思わない。（凶暴な人格の）奇怪な人は、消えてしまったかも……。奇怪な人は、以前は（自分の中に）いたと思えるけどね。ただ、まだ、極端に思考が違う自分がいるんじゃないかと思うことはある」

沙織さんの〈生い立ち〉メモにはこうある。

「父親からの性的虐待を受け続ける。気持ちが悪くて仕方がなく、継母に帰ってきてほしいと頼む」

継母が帰ってきたことで、父からの性的虐待はようやくやんだ。

実父から受けた性被害は継母にはとても言えず、そのまま自分の中に押し込めた。

沙織さんは二十一歳で結婚、家を出た。この結婚はただ、家を出るための手段だった。一年で離婚したが、家には戻らずに一人暮らしを始める。そして二十五歳の時に実父と継母は別居し、沙織さんが三十歳の時に離婚した。

同じ年、沙織さんは今の夫との結婚が決まった。夫は沙織さんが受付をしていた会社の出入り業者だった。


「虐待してる時は、私、悪魔ですよ。怒りがこみあげ、頭が沸騰《ふっとう》しているし、殺意が湧いている。『あー、殺すわ』って思って、だから一度、児童相談所に電話をかけたんです。『今、半殺しにしかけてます』って。その時は児相が家にやってくることはなかったんだけど、あの時は自分がうつで、身体がまいっていたから、あそこで終わったんだと思う」

沙織さんには長女・夢《ゆめ》ちゃんと、四歳下の長男・海《かい》くんの二人の子どもがいる。

カチッと、スイッチが入る。その対象は、夢ちゃんだ。

夢ちゃんは「特定不能の広汎性発達障害」と診断されていて、こだわりの強さや過敏な感覚などを持ち、育てにくい子であることは間違いない。癇癪《かんしゃく》を起こすと、二時間でも三時間でも足で床をばたばた踏みならし、ギャーギャーとわめき続ける。

「ゆめちゃん、マンションの下の人に迷惑だからやめて」

沙織さんがこう言えば、余計にドカンドカンとうるさくする。立ち上がり、ドアをバタンバタンと音を立てて何度も開け閉めする。

瞬間湯沸かし器のスイッチが入るのは、こんな時だ。

「おまえ、なめてんのかー!」

暴れている夢ちゃんを、思いっきり蹴り上げる。

「こうなったらもう興奮状態。沸騰した湯沸かし器ですから、何も考えてないですよ。理性なんてない。蹴っている時は、むかついているだけ。本気で、嫌いだって思いますもん。とりあえず、とにかく、こいつ、うっとうしい。うるさーいって」

蹴られて転がった夢ちゃんは、ギャーッと泣き出す。

「ごめんなさい。ごめんなさい」

「謝らんでもいい。うるさーい」

蹴るのも叩《たた》くのも、こうなってしまうと、容赦はしない。子ども相手なのに手加減というものは一切、ない。沙織さんに、その時の夢ちゃんの表情を聞いてみた。

「え？　顔なんて見たくもないから、見てないですよ」

沙織さんは、何発でも蹴り続ける。

「やめてー。蹴らないでー。なんで、蹴るのよー」

「おまえが嫌いだからだよ。おまえが理由を聞くから言ってやる。おまえが嫌いなんだー」

冷静になってみれば、これが夢ちゃんにとって良くないことだとよくわかる。もう叩きたくないとは思うものの、スイッチは確実に入る。

「私、今までなんでも一応はできてきたんだから、子育ても楽勝かと思ってたんです。でも、まさか、こんな……」

沙織さんはこれまで学校でも仕事でも、きちんとするべきことをやり遂げてきた。虐待を受けてきた過去を感じさせない明るさとユーモアを持ち、面倒見の良さも発揮してきた。

沙織さんが初めて、思うようにいかない場面に遭遇したのが子育てだった。

「いちいち、自分の過去がフラッシュバックしてくるんです。それに、ゆめちゃんは癇が強く、扱いにくい。そして、寝ないでしょ。私には、育児モデルがないんです。自分が育ててもらったことがないから」

育て方がわからない自分にイライラして、叩いて言うことを聞かせようとした。

「口で言ってわからないなら、叩いていいだろうって、とっさに私、手が出てしまう。しつけの一環だと思っていました。でも一旦《いったん》、暴力が始まってしまうと別人のようになって、止まらなくなるんです。悪魔ですよ。娘が何か反抗的なことを言うだけで、ギャーってなって首を絞める。児相に電話した時は首を絞めた後で、ゆめちゃん、転がっていましたから」

かといって、人に助けを求めることもできなかった。

「人間不信だから、子どもを預けるなんて考えられない。今思えば、ファミリーサポートとか、いろいろあったのに。自分が叩いていても、まだ自分が見ている方がマシだと。預けるなんて、論外でした」

一旦そうなってしまうと、自分の中から殺意がこみあげてくるのがはっきりとわかる。

「このままこうしていたら、いつ気が狂うのか。紙一重のところにいると思いました」

長男の妊娠期間中はなぜか、気持ちが落ち着いた。しかし生まれた長男には、自身の遺伝により、視覚障害があることが判明した。

長男の障害をきっかけに、うつ状態になっていった。

性的虐待の被害者には、重度のうつが併発することがあり、うつ病になる可能性は性的虐待を受けていない人の数倍から数十倍の高リスクとなることが知られている。

「子ども二人を連れて、自殺することしか考えられませんでした。このままじゃもうダメだと思い、精神科に駆け込んだんです」

それが、二〇一〇年九月のことだった。

沙織さんが渡してくれた医師の説明書きにはこうある。

「(長男)出産後、子どもさんの視覚障害への罪悪感や夜泣きの対応、長女の問題行動もあったりなどで不眠、抑うつ気分、焦燥感、希死念慮等著しくなり、当院を初診」

二度目の診察の時、沙織さんは医師に訴えた。

「このままだと殺してしまいます。二人を乳児院に預けたい。もう、死ぬことしか、私、考えられない」

子どもへの暴力が明らかになったことで、「お母さんが危険だ」と病院は児相に通告、夫も職場から呼ばれ、翌日、夫婦で子どもを連れて児相に行き、そのまま子どもたちは一時保護となった。この日は、海くんの一歳の誕生日だったという。

「『子どもの居場所は教えられません。連絡も一切取れません、面会もできません、二か月間、子どもには会えません』と言われたんですけど、でもその方が、この子たちにとってはいいだろうって、究極の選択を私はしました」

この時、沙織さんには伝えられなかったが、二人の子どもはきょうだい一緒に里親さんに緊急保護で託されたという。

子どもを預けて一か月後、沙織さんは自宅で倒れてそのまま入院となった。

「子どもがいなくなってから、私は食べることも笑うことも忘れてしまいました。主人が帰ってくれれば一緒に食べるんですけど。主人の三日間の出張の時、三日間ずっと、物を食べることを忘れていて、それで意識を失って自宅で倒れたんです。もう、終わりが来たって思いました。気づいたら、携帯で主人に連絡を取っていて、そのまま精神科へ入院です。そこから本格的に、うつの治療が始まりました」

入院中、カウンセリングで自分がなぜ子どもに暴力をふるってしまうのかを見つめていった。

「そこで、父親が全然関係ないことでどつきだすのと同じことをしていた自分に気づいたんです。父親に言いたかったこと、継母に言いたかったこと、押し込めていた気持ちを自分の子どもにぶつけていたんです。小さい頃からの怒りが、ゆめちゃんに向かって出ていたんです」

ここでようやく、「自分を、客観的に見れた」と沙織さん。

過去に向き合うほど、怒りの感情が噴出した。夫にも児童福祉司にも怒りをぶつけた。長い間、蓋《ふた》をしていた感情があふれ出す。

「ダンナにはこれまで上辺だけで『苦しい、寂しい。だから休みを取って』とばかり言って、休みを取らないことに怒っていたのだけれど、彼もどうしていいかわからなかったのだと思う。だんだんカウンセリングで感情を吐き出せるようになって、自分の身に起きたことをダンナにも話せるようになった。これが自分を客観的に見れる、第一歩だったのかもしれない」

約一か月の入院でうつの症状は改善、沙織さんは退院した。

ここで、二人の子どもの存在が大きなものとして自分に戻ってきたという。

「二か月と言われた期間の最後の頃になると、『子どもに会わせてください』って、私、何度も児相に電話をしていました。やはり、子どもたちの存在がとても大きいと思ったんです。二人ともすごくかわいいって心から思えて、だから、『もう二度と叩きませんから、返してください』と言い続けました」

カウンセラーから言われた「子どもを自ら児相に預けたことは、あなたが子どもを守った、立派な行動だった」という言葉も、自信につながった。

沙織さんは、心に誓った。「子どもたちは、私が守る」と。

「この二か月間は自分で自分を見直す、大事な時間だったと思うんです。子どもと二か月離れていて、再会した時はすごく新鮮でした。私自身が子どもだったんです。大人になるのを拒否していたんですね。大人なんて嘘《うそ》つきだし、振り回されてきたので。今、大人になったと思えるんです。子どもがぎゃあぎゃあとわめいていても、かわいいと思えるようになりました」

こう語ったのが、子どもが戻ってから一年二か月ほど経った二〇一二年二月のことだった。

あれから一年、親子関係がこれで劇的に改善したのかといえば一進一退、沙織さんにとって夢ちゃんに苛立つ日々は変わりなく続いている。しかも小学校に入学してからは、夢ちゃんが学校に馴染《なじ》めず、休みがちになるたびに、学校側から沙織さんの子どもへの虐待を疑われるようにもなった。

「なんかね、監視されてんの、私。『ゆめちゃんの服、洗濯してください』とか連絡帳に書いてあったり、完全にネグレクトを疑われてるんだよね。ゆめちゃんは服とかに、すごいこだわりがあるのに……。こんなことばっかりだからもう嫌になって、子ども家庭センターのサポートとか全部、切った。みんな、連携、連携って、一体、何を連携してんの？　って」

子ども家庭センターは各自治体がそれぞれの権限で設置するもので、専門の相談員による相談をはじめ、さまざまな子育てのサポートを行う。沙織さんはショートステイなどを利用していたという。

夢ちゃんが学校を休みがちなので、学校側や教育委員会が出席する場で沙織さんは一人、釈明を求められた。この時は、夢ちゃんの主治医に書いてもらった意見書が役立ったという。

意見書は、夢ちゃんの「特定不能の広汎性発達障害」について、「社会性の乏しさやコミュニケーションの苦手さ、こだわりの強さや想像力の弱さ、感覚の過敏性の強さを主症状とする発達障害」と説明したうえで、とりわけ沙織さんがネグレクトを疑われている衣服について具体的に言及してあった。

「感覚の過敏は大きな問題を呈します。たとえば下着など直接皮膚と接するものを嫌がることもあり、無理やり着せると大きな苦痛を生じさせます。……またこだわりの強さゆえの症状のため、同じ洋服やタオルなどを繰り返し使用したがる場合もあります」

おかげで学校への持ち物一つ一つでネグレクトを疑われることは減り、夢ちゃんの特性を考慮して見守ってもらえるようにもなってきた。

とはいえ、夢ちゃんがこだわりから癇癪を起こし、ぐずぐず同じことを言い続けるのはちっとも変わらない。

たまたま私が沙織さんと電話で話した時のこと、「一昨日《おととい》も、やってしまった」と沙織さん。

一年生の修了式の朝に、夢ちゃんの「学校に行きたくない」が始まった。

「今日は修了式だし、二時間で終わるんだから、行っといで」

「嫌、行かない」

パジャマのまま学習机の前に座って、夢ちゃんは梃子《てこ》でも動かない。

「もう、こうなったら、一〇〇％、ゆめちゃんは学校に行きません。ものすごく頑固だし、結局、自分のやりたいようにやるから」

沙織さんは夢ちゃんに聞いた。休むなら、学校に電話を入れる必要がある。

「そんなら、ゆめちゃん。休むのか、遅れて行くのか、どう言って、学校に電話する?」

「わからん」

この一言で、スイッチが入った。

「口調が、えらい生意気だった」というが、瞬間、夢ちゃんがいる部屋に突進し、脇腹に思いっきり蹴りを入れた。

「おまえのことだろ? なんだ、その言い方?」

始まった以上、沙織さんの蹴りに一切の容赦はない。何発も蹴りを入れて、最後に履いていたスリッパで思いっきり、頭をパコーンと叩いた。結局、夢ちゃんは学校へ行った。

「家にいるとコワイから、行く」

毎夜、処方された「癇癪を抑える漢方」を飲ませようとすることで、夢ちゃんの癇癪が起きる。「飲みたくない」とふにゃふにゃぐずりだし、ギャーギャーわめき続ける。

「これが始まるのが、『寝る時間だよ』という九時頃から。これが二時間続くの。『飲まないでいいよ』と言うと、『飲まないと入院になる』って、それでまた、ぐずる。私もダンナもいい加減、うんざりして、もうほっておくの。そうじゃないと、スイッチが入るし……」

　だけど、抑えがきかない夜がある。

「ゆめちゃんは『夜になると、ママが怒りだす』って言うんだけど、実際、夜になると私が止まらなくなるんだよね」

「止まらないと、どうなるの？」と聞いてみた。「くどくど延々と、ゆめちゃんに言い続ける」と沙織さん。

「あんたさえ、ちゃんと学校に行ってれば、ママが学校からいろいろ言われることはないの。あんたのせいで、ネグレクトが疑われて、いちいち、いちいち、ママが学校に呼ばれる。おまえなんか、産まなきゃよかった。見てるだけでイライラする。ママと呼ばれるのも嫌」

　産まなきゃよかった──、そう、言っていた。しかもはっきりと、何回となく。

　確かに母親にはそう言いたくなることは、時にある。なんだか破れかぶれになっている時だ。子どもに対してやりきれなくて、どこにも気持ちを持っていきようがない時。だけど、これだけは言ってはいけないと、自制する言葉でもある。売り言葉に買い言葉で、もし言ってしまったら、決まって後悔するし、子どもに謝り否定する。そんなことは思ってもいないと。

　それは沙織さんもそうだった。夢ちゃんに言ってはいけない言葉を吐いていることもわかっている。しかし「かわいい、どうしてひどいことをするのだろう」という思いと、「憎い、いなければいいのに」という思いが同時に存在して、それが「憎い、憎たらしい」という側に傾くと止まらない。

「止まらない」のもわからなくはない。かーっときて子どもを怒りはじめると、自分を制御するのが困難になる時はある。しかし大人はそこで、自分をなだめる術《すべ》を持っている。「もういいだろう、言いすぎた。子どもにこれ以上は酷だ」と矛を収め、子どもを慰め収束を図る。

しかし沙織さんの場合、自覚しているように、自分も「同じような子ども」になってしまうから、抑えがきかない。それこそ、愛着という基盤をもらえなかった子どもだ。沙織さんが夢ちゃんにぶつける「ママと呼ばれるのも嫌」という言葉は、沙織さん自身、継母から投げつけられ最も傷ついていた言葉だった。継母にされたことと同じ仕打ちを、夢ちゃんに向ける。

実は……と、言いにくそうに話す。

「私、よく、ゆめちゃんに『こっから、飛び降りろ』って言うんですよ。ベランダに立たせて。マジで、そう思うから」

「え？　どんな状況でそうなるの？」

「いろいろなんですけど、この前はこう言いました。『ゆめちゃん、そんなに学校に行きたくないんなら、こっから飛び降りてみ。そしたら、学校行かないで済むよ。三階だから死ぬことはないから。足折るぐらいだから』」

「そしたら、ゆめちゃんの反応は？」

「『痛いのは、いや』って」

　夢ちゃんと海くんがケンカをしている時、夢ちゃんは海くんにこう迫るという。

「おまえ、ばかか。こっから、飛び降りろ」

　自分が夢ちゃんに言っている言葉だった。言葉の一つ一つ、言い方も同じ。これが沙織さんにとっては許せない。

「私の中で、ゆめちゃんは失敗作。かいくんへこんなことを言うゆめちゃんが、憎いんです。ゆめちゃんの主治医に私、『殺害してしまうかもしれません』って宣言したんですよ。だからあの時、ゆめちゃん、すぐ入院になったのかな」

　小学一年の夏から、夢ちゃんは発達障害の専門外来に通うようになり、その病院に三週間ほど入院したと聞いていたが、そんな事情があったのか。

　夢ちゃんが学校に行かないため、待合室で待たせたまま始まったカウンセリング。沙織さんは怒りのまま話し出したという。

「（待合室に）あいつがいるんです。あいつ、死んでほしいです」

「あいつって、誰？」

「子どもです。あいつ、なんで、あんなんですか？」
「えー、子どもさん、一人で待ってるの？　大丈夫？」
「勝手に学校へ行かないんですから、今は一人で待っとけばいいんです」
死んでほしい。その気持ちに嘘はないと沙織さん。「本当に？」と、念を押して聞いた。
「死ねって思います。トラックとかにひかれてくれた方がいいって。だから私、車から
降りる時、『気をつけてね』なんて言いませんもん」
だけど、沙織さんは手をあげてしまう自分をなんとかしたいと、継母との関係の「意
味」を探し続けているではないか。
「継母にされた嫌なことを、ゆめちゃんにしてると思うから、継母がなぜ私にそうした
のか理由を知れば、何かわかるかと思って……」
夢ちゃんへの愛情がなければ、そこまで自分を掘り下げることはない。それは、愛情
の証《あかし》なのだ。私の言葉を沙織さんは否定しない。
「そうだよね、なんとかしたいと思うだけでも、愛情の一つだよね」
変えたいと思うからこそ、今回の取材だって意を決して受けたのだろう。このままで
いいと思うのなら、「死ねばいいと思う」などと取材者に話すものか。
最近のメールで、沙織さんはこんなことを書いてきた。

「私がゆめちゃんにしてしまうこと、たぶん、（私は）誰かにされている。ゆめちゃんに思うことも、（私が）誰かに思われたこと」

自分の中にある怒りのマグマを、夢ちゃんにぶつけているのはわかっている。このまいくと、いつか「精神がもたなくなる」という恐怖もある。

だから、沙織さんはトラウマ治療である「ＥＭＤＲ（Eye Movement Desensitization and Reprocessing＝眼球運動による脱感作《だつかんさ》と再処理法）」を受けることにした。

ＥＭＤＲは、患者の目の前に指を二本立てて左右に振り、患者が目でその指を追い眼球を動かすという眼球運動を主な特徴とする治療法だ。眼球運動とともに、トラウマになっている記憶を思い出すと、なぜかその記憶との間に心理的な距離が取れるようになる。すると苦痛が薄れ（脱感作）、同時に自己の評価が向上するという。

たとえば、父親からの性的虐待に遭った女の子の「自己認知」は、「短いズボンを穿いていた私が悪い」というものだったとする。ＥＭＤＲの技法により、父親から性行為をされた場面に戻っていくと、当時を思い出しながらも、距離を置いて見られるようになり、「短いズボンを穿いていた私が悪いのではなく、お父さんが悪い」と思えるようになってくる。何度かのＥＭＤＲのセッションを経て、最終的に自分は正しいというイメージが持てるようになり、低かった自己評価も上がっていく。ＥＭＤＲはトラウマを思い出しながら、認知の歪《ゆが》みを修正する治療法なのだ。

EMDRのセッションは、患者にとって安全な場所のイメージを確認するところから始まるという。沙織さんもそうだった。医師が沙織さんに言う。

「あなたが安心、安全だと思う場所をイメージして」

「壁に囲まれて、窓も、ドアもないキューブの中」

「それじゃ、だめだわ。写真でもいいから、安心だと思える場所をイメージしてみて」

「あったかい南の島。開放的でのどかで、青い海と白い砂浜が広がって、誰も外から入って来れない南の島」

「それがいいじゃない。もっとイメージしてみて。どんな感じ?」

瞬間、沙織さんの中で南の島のイメージがかしゃかしゃと「音を立てて」崩れ落ち、一瞬にして茶色に風化した世界が現れた。

「どうしたの?」

医師は、沙織さんの変化に気づき、問いかける。

「安心できるところなんてない、そんなところない。こわい、こわい、こわい。もう、そんなとこ、ない」

「わかった。今日はもう、やめよう」

日を替えて、二度目のセッション。同じように安全な場所の確認から始まった。医師は二本の指を沙織さんの目の前で動かして、何度か右に左に揺らし、目の前でピタリと止めた。

「あったかくなるものをイメージして。あなたがあったかくなるイメージの中で始めたいの」

「ないので、そんなん、わかりません。ないです」

首を横に振り続ける沙織さんに、医師はこう告げた。

「頭と心が寸断されているのかなぁ。頭と身体の感覚が連動していない。感じる感覚が寸断されているから、それ以上、進まないんだわ。感覚がないなら、ちょっとやりようがない。通常のカウンセリングに戻しましょう」

沙織さんの前によみがえったその光景――青い海と白い砂浜が一瞬にして崩れ落ち、茶色一色になった映像こそ、十一歳でレイプされたその時の光景だった。

「茶色は、ススキ。レイプされたあの時、さわさわとススキが風を切る音まで鮮やかに、全部よみがえった。(男の)足でススキが倒されて、怖かった。恐ろしかった……」

ここでその瞬間がよみがえってくるとは、思いもしないことだった。恐怖で身体の震えが止まらなかった。

セッションが中断された帰りの電車。ふと車窓を見た瞬間、茶色一色の世界が迫ってきた。見てはいけないものを見てしまった。「ホラー映画のようだった」と沙織さん。

なくなった。

恐怖に震え、嘔吐《おうと》をこらえながらようやく自宅に着いた。その後しばらく、電車に乗れなくなった。

「こんなフラッシュバックは初めてだった」という。

これまでも高校生の時、門限ぎりぎりで急いで走っている瞬間、よぎったことがあった。

「レイプされた時、私、一度、逃げたんです。全身の力が抜けきった状態で震えて走れてないのに、走って、必死で逃げようとしてたんです。何度も走るシーンがよみがえる。友達を残していたので本気で逃げようという気もなかったし、連れ戻されるのもわかっていた。そして思い出すのは……、ススキをかき分ける音、声にならない『助けて』と、泣き声をこらえる息。それらが自分の鼓膜にこもって聞こえます」

「書けるかなーと思って書き出したんですけど、やっぱり、ここまでしか書けなかった」と沙織さんは、最後に会った別れ際に、ノートの切れ端を渡してくれた。

「あの日　あの時……」から始まるその文章。タイトルは「神様なんていない、いるわけがない」。

「ここまでしか」という、ラストにはこうある。

「忘れることができたなら……。そんな毎日を生きてきた。よみがえった日から。よみがえる日なんてすぐに来た。

十一歳の夏休み。十歳の友人と二人で遊んでいた。神社の裏で、ありじごくをほじくって遊んでいた。蒸し暑い午後、見知らぬ男が『お墓の場所を教えてほしい』と声をかけてきた」

沙織さんは空に問いかける。

「フリーズしたハートを解凍できるのか」

カウンセラーから言われた言葉が、それに続く。

「それは死んだ人間を生き返らせる作業くらい、困難。死んだ人間を生き返らせるなんてあり得ない」

〝心〟がわからないと、彼女は続ける。

「研ぎ澄ましていないと、思いやりの行いができない。〝ありのままでよい〟ということが、難しい。わからない」

ありのまま、確かにそれは私でも難しい。でも沙織さんの場合は、拠《よ》って立つ足元の土台を探すという作業から始めなければならないのだ。

一度だけ、私も足元がぐずぐずの底なし沼となり世界と切り離されたと思ったことがあった。その時、子どもたち二人の手も私は離していた。

あの時、毎秒の息をどうやってしていいのかもわからないほど、虚空《こくう》へ消えてしまいそうだった。もしかしてそれが「狂う」ということなのかと今は思う。沙織さんはそんな思いを、それこそ、生まれ落ちた時からずっとしているのか。その中で、今までずっともがき続けてきているのか(私のきっかけは、夫の浮気というどこにでもあるようなことだったのだけど)。

沙織さんはペンで殴るように書く。

「生い立ちとからむ、複雑なレイプ事件。自分は生き地獄に生まれてきたと思っている。乗り越えられる力を……、そんなの、何の意味がある？　意味付けしていたらバカバカしい」

バカバカしいと言いながら、沙織さんは今、悲痛なまでに継母と出会った意味を探し続ける。彼女は世界とつながる「意味」を、その手でつかもうとしている。簡単に諦めて、「喪失」の物語に帰してたまるかと。その鍵《かぎ》となるのが、今の沙織さんにとっては継母だ。決して、実母ではなく。

「お母さん」と、精一杯の思いを込めて呼びかけた、たった一人の存在が継母だった。愛してほしい、守ってほしいと心から望む存在から、愛され、守られ、大切にされた記憶が欠片《かけら》もないとしたら、なぜ生まれてきたのかがわからない。この世界にすがりつく一本の糸すらないのなら、どうやって生きていけばいいのだろう。

だから、人は探し求めるのだろうか。どれほど親に虐待を受けたとしても、そこに一片でも愛情があったのなら、それだけで存在の意味が立ち現れ、暗闇の世界にたった一人でさまよう地獄から救われると。唯真ちゃんが母との生活を希求し、明日香ちゃんが「奴隷でもいいから」お母さんと暮らすと突っ走ったように……。

ただ、その果てに何があったのか。

十月十日《とつきとおか》、お腹の中で育《はぐく》んでもらえたことだけで、ちゃんと愛情はもらったのだと思いたい。その上で、「今」を大事に思えれば、どこに向けていいのかわからない苦しみも少しはラクになるのではないか。

沙織さんからの「無条件に子どもを愛しているのか」という問いに、私はメールで答えた。

「二人の息子を愛することに、条件はない。そういうことを考えたこともない」

沙織さんは、こう返してきた。

「愛するのに条件なんてないよね。私は『無条件』の意味を、検索して考えないとわからない」

本来、探さなくてもいいものを、沙織さんは「考え」ないとわからない。

「ねえ、祥子さん。どうやったら、ラクになれるのかな」

沙織さんがハンドルを握る横で、この言葉に身体を硬くした。彼女が住む街を訪ねて三度目のことだった。明快な答えなど何もなかった。確か、夢ちゃんと海くんという負荷の大きい子育てが、これから学校や幼稚園に通ってくれることで物理的にラクになる、そのことは悪いことじゃないと話したと思う。

「そっか、それはあるよね」

彼女の優しさに、ほっと救われた思いがした。そして一つだけ、伝えたかった。

「これ以上、〝止まらない〟と思うのなら、ゆめちゃん、三か月ぐらいのスパンで入院もありだと思う」

私はあいち小児の32病棟をイメージしていた。発達障害の子も多かったし、発達障害ゆえに虐待的対応にさらされている子も少なくなかった。32病棟の子たちは隣にある「大府養護学校」に通っている。学校と病棟との連携により学校への苦手意識を克服し、看護師の指導による生活療法などで日常生活での生きにくさ、社会性の乏しさを克服する訓練もできる。

そして何よりも、沙織さん自身、夢ちゃんと離れることで自身をケアすることができる。離れる中での気づきや学びもあるだろう。

あいち小児のような虐待専門の治療センターは未《いま》だ全国でも例を見ないと聞く。沙織さんと夢ちゃんのような母子のためにも、このような治療施設が各地にできることを強く願う。

第二章で登場した「みんなの家さわい」の友紀さんに電話をした際、思い切って沙織さんの現状を話してみた。最近のメールに、「ゆめちゃんのことは諦めました。関わるとムカつくだけなので、最低限な関わりだけして、チャンスがあれば突き落としてやります」とあったからだ。かなり追いこまれている沙織さんに、何ができるかを相談したかった。すると、こんな言葉が返ってきた。

「そういう時のために私たち里親がいるんだわ。ゆめちゃんを里親に託してほしい。彼女はよくがんばったと思う。育てにくい子どもを、よくそこまで育てたよ。養育里親なら実親さんとの関係を大事にしていくから、安心して預けて、今は子どもさんと離れて休んでほしい。私たちは親御さんにもラクになって、子どもといい関係を作ってほしいと思っているから」

友紀さんの言葉に、涙がこぼれた。その通りだ。沙織さんと夢ちゃん母子のような親子のために、こういう人たちがいてくれる。

そして、これだけは言いたい。「死ね」だ、「嫌い」だと言いながら、沙織さん、あなたは決して実母や継母のように子どもを捨てたり、見放したりはしていない。自分がされたこととは違う子育ての道を、あなたは歩いている。そのことだけは、誇りに思ってほしい。まだまだ、「一件落着」からは程遠く、途上ではあるけれど。

おわりに

今も、その〝音〟はかすかに耳に残っている。

二〇一二年夏、私は「あいち小児保健医療総合センター」（あいち小児）を再び訪ねた。

新井康祥医師に久しぶりにお会いし、心療科32病棟へと案内された。この病棟こそ、今回の〝旅〟の始まりであり、二〇一一年夏には「週刊朝日」の取材で、二泊三日滞在した場所だった。

新井医師が首に下げたIDカードで扉の鍵《かぎ》を開け、内側へと入る。蒸し暑い昼下がり、病棟は薄暗くひっそりと静まり返っていた。入院患者である子どもたちのほとんどが、隣接する大府養護学校に登校している時間帯だった。

一人だけ、男の子の姿が目に入った。食堂のテーブルで看護師の女性と対面している。こちらに気づき、ちらりと顔を上げた少年は、おとなしそうでひよわな印象だ。小学三、四年生ぐらいだろうか。

病棟をさらに進み、奥にある二十四時間閉鎖のユニットへと入る。一角にある部屋「ムーン」へ案内された時、扉がノックされ、看護師が新井医師に何かを伝えた。

これから「ムーン」を使うのだという。

私たちとすれ違うように先ほど見かけた男の子が一人で部屋に入り、看護師が静かに扉を閉め、扉の前で見守る。

「ムーン」はベッドが一つ入るくらいの大きさの個室で、まず目に飛び込んでくるのが、大小さまざまなぬいぐるみだ。リノリウムの床にはパズルマットが敷かれ、アイボリーの壁は板で補強されている。

新井医師が説明してくれる。

「ここはイライラしたり怒りがこみあげてきた時とかに、一人になって落ち着くための部屋なんです」

部屋には観葉植物が置かれ、床に直接置くタイプのソファもあった。アイボリーの色調で統一された小さな空間はぬいぐるみたちに囲まれ、一人、ゆったりと心を鎮める癒《い》やしの部屋でもあるのだ。

そして新井医師はこうも続けた。

「人に当たってしまう前にとりあえず、ここでぬいぐるみでも殴ろうよって」

部屋の外に出たあと、新井医師の説明を聞きながら、耳のアンテナが何か違和感を察知する。なんだろう、この音。今までに聞いたことがない類の音……。思わず、きょろきょろと辺りを見回す。

少年が入って施錠された扉の向こうから、鈍い音が響いてくる。

「ドス、ドス、ドス…………」

「ドス、ドス、ドス…………」

乾いた、規則的な音。激しくもなく乱れることもなく、むしろ淡々と。次第に音が意味を帯びてきた。それは小さな拳が、何かを殴りつける音。部屋に入った時にまず目に入った大きなぬいぐるみが今、サンドバッグと化しているのだろう。

呑《の》み込めた途端、胸が締め付けられた。あんなにおとなしそうな男の子なのに……。部屋に入る時にすれ違った印象では、何か特別なものを感じたわけではなかったのに……。

彼は何に向けて、小さな拳を振り上げているのだろう。その拳の先には何があるのだろう。

私にはそれは、虐待を受けた子の心の叫びそのもの、声にならない悲鳴に思えた。

虐待が子どもに何を及ぼし、何を奪うのか――、その一端を見つめてきた旅だった。

あいち小児32病棟で、児童養護施設や乳児院で、ファミリーホームで、さまざまな子どもたちの現実に立ち会い、寄り添う大人たちの思いと苦悩を目の当《ま》たりにしてきた。ファミリーホームで暮らす子どもたちが本書の主な主人公となったのは、生活のさまざまなシーンで子どもたちと接することができたうえに、養育者である里親さんたちから夜に昼に時間を費やしていただいて、話を聞くことができたからだ。それは「ファミリーホーム」が、家庭という場所で養育を行うものだからこそ可能だったように思う。親戚《しんせき》の家を訪ねるように「○○ホーム」に出かけては里親さんや子どもたちと会い、お茶を飲み、食事をし、洗濯物を干し、食器を洗ったりしながら、虐待を受けた子どもたちの「その後」の日々を肌で感じた。

明るい日差しが降り注ぐダイニングテーブルで、私は何度も、里親さんの話に唇を嚙《か》み、涙をこらえ、絶句した。

虐待とはこれほどまでに人間の根幹を歪《ゆが》め、損ねてしまうものなのか。そのすさまじさを改めて思わずにはいられない。

虐待によって人間としての基盤をもらえなかった子どもたちに、どれほど困難な人生が待ち受けているのか、その残酷さに胸が震えた。

感情のスイッチを切ってブレーカーを落とさない限り耐えられない、過酷な現実を強いられてきた子どもたちは、すべてがズタズタに寸断されていた。心も身体《からだ》も脳も、すべてだ。親から与えられたものといえば血の味、痛み、痺《しび》れる感覚、そして恐怖……。

だからこそ今、虐待で保護された膨大な数の子どもたち――彼らはサバイバーだ――に、正しい光を当てなければならないと改めて思う。

虐待がもたらす残酷なダメージに、時に目を覆い、耳を塞《ふさ》ぎたくもなるけれども、「子どもたちの現実」から目を逸《そ》らしてはならない。それが「子どもの側」から虐待を見ていくという視点だ。

母親の虐待を受けて育った二十代後半の青年が、母親を殺害した事件の裁判でこう叫んだ。

「僕は今、虐待死させられた子どもの方がずっとうらやましい」

これほど悲しいことがあるだろうか。

だからこそ、「虐待の後遺症」という視点を持って、「殺されなかった」被虐待児の現実を、私たちは社会全体で見つめていかなければならないと強く思う。

過酷な現実を生き延びてきたサバイバーである子どもたちに、私たちはきちんと手を差し伸べたい。

美由ちゃんがもし、新たな「おうち」でパパやママの愛情に包まれて育ち直しの時を生きていなければ、「お化け」の声に翻弄《ほんろう》され、記憶を切断しながら大人になるしかない。その果てに何があるか。虐待の「連鎖」だろう。

雅人くんがトラウマの恐怖に怯《おび》え、湧きあがる衝動にグラングランと振り回され続けるなら、自分らしい人生を手にすることなど不可能に近い。

人は何を得ることで、虐待で受けたダメージを回復していくのだろう。

傷を封じ込めたまま大人になった沙織さんが、一つの示唆をくれる。彼女は手紙で、こんなことを伝えてくれた。

「虐待やレイプの怖さより、究極の孤独を感じる方が本当の恐怖なのかも……。この感情を感じるくらいなら、生きていない方がいいという選択もしてしまいそう……」

生を享《う》けてからずっと、孤独だった。孤独という真っ暗闇の荒野に、幼い時からずっと彼女は宙吊《ちゆうづ》りにされてきた。

本来ならそこに、寄り添い、抱きしめ、「大丈夫」とやさしく声をかけてくれるあたたかな存在がいるはずなのに……。

拓海くんには小学四年生まで、守ってくれる人もわかってくれる人もいなかった。だから里親さんの前で「俺はもう、死んだ方がいい」と泣きじゃくったのだ。孤独という暗闇の海しか未来に見えなかったのだろう。

もちろん、母のあたたかさの記憶を胸に持つ被虐待児もいる。やさしい母も時にはあり、胸に抱いてくれたことも一度や二度ではない。明日香ちゃんもそうだったのだろう。だからこそ愛を希《こいねが》う対象から「捨てられた」「守っても育《はぐく》んでももらえない」という

「喪失」は、深く残酷に心を抉《えぐ》る。彼女が今、孤独の暗闇をさまよっていないことを願うばかりだ。

本書に登場するそれぞれの子がかいくぐってきた現実は、あまりにも残酷なものだった。しかし、私が出会った多くの子どもたちは、家々の食卓で、楽しそうにごはんを食べて笑っていた。

誇らしげに見せてくれたカメ、弾いてくれたピアノの旋律、「また、来てね」という声の力強さ……。

壁になったり解離して生き残ったサバイバーである子どもたちそれぞれが、愛してくれる人たちの中で、弾《はじ》ける笑顔を取り戻していた。自分のことを理解し、受け止めてくれるあたたかい存在がいれば——それは実の親でなくても——その子の人生が救われるのだということを、ファミリーホームの子どもたちの〝今〟に見た。

あるファミリーホームで見た夕食風景が忘れられない。高校生の男の子が陸上の部活を終えて帰宅、お腹《なか》ぺこぺこでごはんを食べている真っ最中に、三歳児がウンチをした。すると彼はさっと箸《はし》をおいて、ごく自然にオムツ替えをするお母さんをサポートする。汚れ物を処分して新しいオムツを持ってきてと……、一つも厭《いと》うことなく、当たり前のこととして。いまどき、こんな男子高校生がいることが驚きだった。

「お母さん」である里親女性は、こう話してくれた。

「自分と同じ痛みを持った仲間だっていう思いが、子どもたちのなかにすごくあるの。同時に、私たちがなぜ里親をやっているかっていう思いもちゃんと伝わっているの。男女、年齢に関係なく。あの子たち、本当にすごいよ。六歳の子だって、三歳の子に何かあったら率先して手伝おうとするの。これが、多人数養育の素晴らしさだと思う。仲間って大事だよね。心強いことだよね」

同じ屋根の下に住む子どもたちと大人に流れているあたたかな思い――、それはお互いの痛みを知っているからこそなのだろうか。思いやり、わかちあい、その子の喜びを自分の喜びとして共感できる関係性を生きることができているのも、虐待から生き延びた子どもたちに安定した家庭環境が与えられたからだった。

希望へと向かう「分かれ道」は、どこにあるのか。

この里親の女性が明快に答えた。

「根っこが張れる場所が、あるかどうか」

根っこ、それは存在の根幹だ。信頼できる人間に包まれる、安心できる場所。それこそ、「本来の家庭」だ。

彼女の家には今、三歳から高校三年生まで六人の子どもがいる。ＩＱ（知能指数）が低くて「里親に養育は無理だ」と言われた四歳の男の子は、今や優秀な高校に通い、国立大進学を目指している。

「あの子は、この家に根っこを張ったの。根っこを張るとね、障害も軽くなるの。どんな子でも変わるのよ」と目を細める。

最近、二人でいる時にこう聞いてみたという。

「あなた、実のお母さんに会いたいと思わないの？」

実母の話を一切しないため、無理しているのかと心配になったからだ。彼はひどく驚いた顔をした。

「そんなこと、全然思わない。今、聞かれて初めて、そういうもんだと思った。僕は今の生活がとても幸せだ。だからそんなこと、全然考えていない。今で十分満足だから」

そして、こうも言った。

「お母さん、誰から生まれたとか関係ないんだよね。人はみんな、違っていていいんだよね」

彼女は訴える。

「子どもには希望がある。この子たち、たくさん夢がつまっているの。どんな子でも希望があり、輝かせるものをいっぱい持っている。それを大人がつぶしてはいけない。輝かせることができるかできないかは、大人の責任」

ここに、希望がちゃんとある。

時に悲惨な死へとつながるほど、虐待というものは子どもを殺す。だからこそ今、第四章に登場した情緒障害児短期治療施設の指導課長が話していたように、「社会的養護」の場にいる子どもたちには「よく、生きていてくれたね」と声をかけたい。

生きていてくれたのだから、生きていてよかったと思える意味を、一人一人に持ってほしい。そう思えるようにしていくのが、私たち大人の責任なのだ。

保護された子どもたちを取り囲む現実は、未《いま》だに非常に厳しいものがある。増え続ける虐待、追いつかない児童相談所の体制。施設養護から家庭養護へと国は方針を明確化したが、諸外国と比べれば日本の里親委託率はまだ非常に低い。

その現実は、正しく見据えなければならない。そうであっても、今回のささやかな旅で見えたのは、「希望」だった。ファミリーホームという新たな「おうち」で育ち直しの時を生きている子どもたちから感じたのは、希望であり、確かな光だ。

それはまだ小さな希望かもしれないが、その光に触れることができたことは、私にとって大きな意味を持つことだった。そのあたたかさを知っただけでも、今回の旅に意義があったと私は思う。そして、その光が放つ〝あたたかさ〟を少しでも伝えようと、拙《つたな》い文章を連ねてきた。

なお、本書には被虐待児が暮らすさまざまな場や彼らにかかわるさまざまな人々が登場するが、原則として場所を特定するような表現は避けた。施設名や登場人物の名前は、一部の例外を除いてすべて仮名としている。特定されることにより、被虐待児が暮らす場所が無くなってしまうことは、最もあってはならないことだからだ。

また、二〇一一年夏と二〇一二年冬、私は「週刊朝日」誌上で、「児童虐待、その後」「続・児童虐待、その後」という記事を、橘《たちばな》由歩《ゆうほ》のペンネームで合計八回にわたって連載した。これは、治療機関や施設、ファミリーホームを含む里親宅などさまざまな社会的養護の「場」から問題を提示した記事となっている。この時の取材の一部が、本書のエッセンスとなっていることを付記しておきたい。

最後に、沙織さんの近況を伝えたい。彼女は第二章の「みんなの家さわい」の友紀さんのアドバイスで、地域の児童相談所に連絡を取るなど、虐待の連鎖を断ち切ろうと自ら行動し始めている。

その過程で、ある養護施設の施設長と面接したという。

沙織さんのメールを紹介して、ペンをおきたい。

「施設長さんはたくさんのお母さんを面接されている方で、私のことをとてもわかって下さって、あれから涙が止まりません。私、ほんと、がんばってきたんだよね。祥子さんや友紀さんに、めげる前に背中を押してもらえました。孤独じゃないと、初めて感じた瞬間でした。だめだ、また、涙出てきた」

本書を世に出すことができたのは、ひとえに、私のような外部の取材者を快く受け入れてくださった皆さんのおかげである。あいち小児の先生方をはじめスタッフの皆さん、児童養護施設、乳児院、情緒障害児短期治療施設の職員の皆さん、養育里親の皆さん、そして本書の主人公たちが暮らすファミリーホームの皆さんに心より感謝申し上げたい。

私は皆さんの姿に、深い感銘を受けた。どれだけ大変なことかと思うのに、返ってくるのは、「何も特別なことはしてないよ」という屈託のない笑顔ばかり。だからこそ、広く伝えたいと思った。虐待を受けた子どもたちが暮らしているのは、決して「特別な人たちによる特別な場所」ではないことを。皆さんがいるその「場」と、私たちがいるこの「場」をつなげたい。私たちにも、深い傷を抱えた子どものために「何か」がきっとできるはずだから。

つらい話を伝えてくれた沙織さん、本当にありがとう。これからもあなたの勇気に恥じぬよう、あなたの思いに応《こた》えられるような作品を書き続けていきたいと思う。

二〇一三年十月　　黒川祥子

文庫化によせて――根っこが張れる場所を得て～三年の時を経て、今～

三年の月日を経て、再び私は懐かしい場所に向かった。主人公一人一人の、「今」に立ち会うために。子どもだった主人公たちはみな、思春期と呼ばれる年代に入った。虐待からの生還者（サバイバー）である彼・彼女たちが、「家庭」という根っこを張れる場所を得たことで、多感とも、難しいとも言われるこの時期をどう迎えているのだろう。サバイバーたちにとっての「三年」という歳月をこの目で確かめたい、いや何より子どもたちに会いたいという思いに突き動かされての旅となった。

かつて何度か宿泊したはずなのに、辿《たど》り着けるかが不安だった。おぼろげな記憶を辿って角を曲がった瞬間、すべてがありありと蘇《よみがえ》った。

第一章の主人公、美由ちゃんが暮らす「横山ホーム」は以前と同じように、住宅街の一角にひっそりと溶け込んでいた。玄関の前には自転車に交じって三輪車や補助付き自転車があったはずだが、それがないということは、幼児たちも小学生になったことを示していた。

「いらっしゃーい。久しぶりだねー」

久美さんのあたたかな笑顔は、三年前とちっとも変わらない。久美さんの後ろに、痩せた身体《からだ》つきの中学生ぐらいの女の子がいる。もしかして、美由ちゃん？

「そうよー。みゆちゃんだよ。春に、中学一年生になったんだよー」

あどけない女の子から清楚《せいそ》な少女へと、美由ちゃんは変貌していた。背が伸びて、顔立ちから子どもっぽさが抜け、顎が尖《とが》った小顔に、髪はトップできりりとひとつにまとめている。ふんわりとした甘い印象のおさげの女の子が、凜々《りり》しい少女になっていた。

「みゆちゃん、こんにちは。覚えている？　会いたかったよ！」

美由ちゃんは私を見て、こっくりとうなずいた。喜び勇む私の勢いに戸惑いつつも、恥ずかしそうな笑顔がちらりと見えた。思春期の入り口に立つ少女がもつ、ある種の「固さ」と緊張を感じたが、逸《はや》る心を抑えきれず、学校は？　部活は？　と次々に話しかける。

しかし返ってきたのは、ひどく早口で蚊の鳴くような小さな声。吹奏楽部でパーカッションをしていることは何度か聞き返してわかったけれど、聞き返すと緊張が強まるのか、瞬《まばた》きを繰り返すので、かわいそうになってしまう。

美由ちゃん、どうしたんだろう……。こちらの不安を吹き飛ばすかのように、久美さんが豪快に笑う。

「あたしもねー、みゆちゃんが話すことって半分もわからないのよー」

え？　どういうことだろう。漠《ばく》とした疑問が一瞬、私の顔に浮かんだのか、久美さんは今の美由ちゃんの状況を説明してくれた。

ＡＤＨＤの子は成長するにつれて多動がなくなる代わりに早口になることが多く、美由ちゃんもそうなのだという。美由ちゃんがＡＤＨＤ？　ちょっと意外だった。当時、解離や幻聴などあまりに重い症状を抱えていたため、久美さんは特に伝えなかったと言う。虐待は「第四の発達障害」だと杉山登志郎医師は提唱するが、それほど被虐待児にはよくみられるもの。たかがそれだけのことだと、久美さんはゆったり構えて見守っている。

「自分が話したい内容が喉まで出かかるけど、それを上手に整理して伝えるのが難しい。でも、ちゃんとコミュニケーションは成立しているの。学校でも、先生の指示はわかるし、その通りにやる。ただ、言葉を選ぶ時につまっちゃう。自信がないから、声がどんどん小さくなるし、口は開かないし」

ここで言葉を区切って、久美さんはきっぱりと言った。

「緊張しやすい体質もあるの。だって生い立ちからもらったものは、恐怖と緊張だもの。でもね、今は解離がないの。すごいでしょ。前は緊張すると、解離していたのに」

今の美由ちゃんには、解離だけでなく幻聴もフリーズもみられない。あれほど美由ちゃんを振り回していた「おばけ」は消え、主治医が目を瞠《みは》るほどの回復を遂げていた。

ただし美由ちゃんの成長に寄り添ってきた久美さんには、つくづく思うことがある。

「三歳までの育ちって、ものすごく大きいと思う。最初の三年が何もないのと、途中の三年が抜けるのとでは全然違う」

確かに美由ちゃんの育ちをみれば、生まれ落ちた時から三歳で保護されるまで、母親から愛情どころか養育すらまともに受けていないと言っていい。久美さんの言葉が意味する「最初の三年」、この期間の重要さは「愛着」の獲得に関わるからだ。すなわち新生児から三歳までの期間、愛情をもって育まれたら、人は愛着という「人としての基盤」をもらう。それがあるかないかで、人生が大きく変わることは、本書で何度も指摘した。

「愛着」という基盤のなさが、どのような障害となってその子に作用するのか、久美さんは美由ちゃんとの暮らしを通し、何度も味わってきたのだろう。しかし、久美さんは吹っ切ったようにさばさばと笑う。

「だけど、みゆちゃん、こうしてちゃんと育ってきているから、言葉の問題もあまり気にしないで、半分ぐらいわかればいいかなって思うの」

美由ちゃんは今、ハムスターとウーパールーパーを自室で飼っている。見せて欲しいとお願いしたら、それはちょっと、いや、かなりうれしい申し出のようだった。誇らし気な表情が美由ちゃんの顔に、浮かんだから。ウーパールーパーに驚く私の横に、うれしそうな顔の美由ちゃんがいる。それだけで、この子は「光だ」と思う。いてくれるだけで愛おしい、大切に育まれなければいけない存在なのだと。

随所にセンスの良さを感じる美由ちゃんの部屋には、動物のぬいぐるみがたくさんあった。

「みゆちゃん、動物がすごく好きなの。前は閉じ込めて支配下に置く〝好き〟だったけれど、生き物を尊重して、ケアしてあげる〝好き〟に変わった。今はハムちゃんにとって何がいいのか、考えられるようになったの」

美由ちゃんが小学六年生の時に、作った絵本がある。主人公は「みんな」と違い、背中の星が一つ多いてんとう虫。「みんな」は最後に、大事なことに気づくのだ。

「一つ多い背中の星は、勇気の一個なんだね」

みんなと違っていいんだよ――、それが絵本にこめた美由ちゃんのメッセージだった。

横山家に滞在中、大きなテーブルはほぼ、大学生になった早紀ちゃんの独壇場。次から次に話を繰り出してくる。

「大学は超大変。英語やってて短期の留学がしたいけど、実親の署名がいるから、もう、無理」

未成年のパスポート申請には法定代理人の署名が必要とされるが、幼少時から社会的養護の場で育った子どもであっても実親でなければならないのか。実親とかかわりたくない子どもだっている。早紀ちゃんが、まさにそうだった。

「この前、ＩＦＣＡ（イフカ）の集まりに行ったの。みんな、自分の生い立ちを大勢の前でしゃべっていて、あたしもそうしたことをした方がいいのかなってちょっと思った」

ＩＦＣＡとは日本とアメリカの社会的養護の当事者同士の交流会で、当事者自ら、自分たちの権利のために発言し、活動している。早紀ちゃんの口からこんな言葉が出てくるとは、以前、横山家を訪ねていた時には思いもしないことだった。

饒舌《じょうぜつ》な早紀ちゃんの横で、美由ちゃんは何もしゃべらずに座っていた。自室へ一度も戻ることなく、顔に時折、笑みを浮かべて。

雅人くんの印象は、以前より背が伸びたなーということぐらい。理知的で色白のハンサム、華奢《きゃしゃ》でひ弱な少年というイメージそのままに、中学二年生になっていた。

海が見える小さな集落の一角、第二章の舞台となった「みんなの家さわい」の軒先に、今日も紺やグレーの洗濯物が揺れている。雅人くんを筆頭に有くんが小学六年生、敦也くんが五年生、保育園児だった進くんは二年生になっていた。小柄で華奢な文人くんは家庭復帰を果たし、沢井家を出た。精神的にもろい文人くんの母を友紀さんが支えることで、母子の生活が営まれていた。そういう役割も里親には大事なのだと、友紀さんが前から言っていたことを思い出した。

雅人くんについて尋ねると、友紀さんは開口一番、「まさは、アホです」と大笑い。「まったく、自分の子でもこんなに悩まされたことはない、進路のことで今、七転八倒」だと。

「六年生から、学校に行くのが難しくなったの。そりゃあ、あたしが怖いから不登校にはならないよ。でも本人、いじめられているっていう意識が強くて、かなりつらかったみたい。『とろい』『早くしろ、何やってんだ』っていう言葉の暴力を受けて。ずいぶん、あたしも学校に行ったよ。それでなんとか、卒業まで行けた」

中学校は普通学級ではなく、特別支援学級を選択した。それほど、「普通の」子たちによって、雅人くんは傷ついた。その傷みを学校側も分かっているからこそ、雅人くんにとってよりよい環境をという配慮だった。

今でもパニック障害や、解離をたびたび起こす。学年が進むほど学習面でも生活面でも、同学年の子たちと差が開く一方だ。

「講堂に行って、時間までに並ぶ、それだけのことができないの。時間の概念がないんだよ。数字という概念もないから、算数は小学三年生から積み重ねができない。漢字や社会は好きなんだけど」

　そんな雅人くんの自立のために友紀さんが描いたのは、養護学校高等部に進学して、障害者枠で就職するという道だ。しかし、知的障害者として認定されるほど知能は低くない。雅人くんの場合、先天的な障害ではなく、環境要因による成長の遅れなのだ。いつ殴られるか、いつガスの火を押し付けられるかわからない日々において、どうやって心も身体も脳もすくすくと成長することができるだろう。感情のスイッチを切って、自分を守るのが精一杯という環境を、雅人くんは生き延びてきたのだ。

　どうやっても手帳が出ないとなった時、友紀さんが頼ったのは主治医だった。友紀さんは迫った。

「十八歳でうちを出た後、まさとをどういう支援につなげていくかが私の仕事、それに手を貸すのが先生の仕事でしょう！　先生、知能テストの点数、変えてよ！　知的障害の手帳、何とかして出してよ！」

　そもそも、無茶なお願いだ。医師が数字を改ざんできるわけがない。主治医がダメなら、今度は児童相談所だと友紀さんが奔走していた頃、雅人くんは大好きな教師に将来の夢を話していた。友紀さんは驚きを隠せない。

「まさと、『水族館の飼育員になりたい』って言ったんだって。あんたにそんなビジョンがあったの？　って、あたし、うれしくて……」

そりゃ、そうだ。これまで言っていたのは「コアラのマーチを作る会社に勤めたい」。理由は、「欠品が出たら、僕が食べられるから」。

家ではこんな能天気な会話しかしてない雅人くんが、教師にこうも言った。

「沖縄の美ら海《ちゅらうみ》水族館で働きたい。じんべいざめは、日本ではあそこにしかいないから」

カーテンのお部屋で、釣ったばかりの鯛《たい》を丸ごと顔の前にかざしていた「さかなクン」。その彼が希望する職場が、まさか水族館とは。友紀さんの話に、今度はこちらの驚きが止まらない。「さかなクン」はやっぱり、「さかなクン」だった。自分が本来持っていた個性を損なうことなく、雅人くんが沢井家で成長した証《あかし》だった。

友紀さんは笑いが止まらない。

「それ、聞いた時、あたし、幸せだわねって思った。人を脅かしてまで、大騒ぎした私は何なの？本当に、あんたのことでは悩んだよと思ったけど、これで決まった。目指すは、水産高校だよ」

雅人くんは今でも時に悲観的になり、「俺は、生きてない方がいい」という状態になる。心配した教師が「雅人くんを励ます手紙を書いてほしい」と友紀さんに言ってきた。

「よし、書くか」と、ペンを取った友紀さん。手紙はこう始まる。

「世界で一番大好きな雅人へ」

それは、予期せぬラブレターとなった。

「あんたと私は血の繋がらない親子だけれど、雅人が五歳だった時に初めて会った私は、あんたに恋をした……」

教師から渡された手紙を読んだ雅人くんは、にやっと笑ったという。そして、すぐに驚くほど元気になった。

帰宅した雅人くんは、何事もなかったかのようにノーコメント。飄々《ひょうひょう》としたものだ。友紀さんが楽しそうに続ける。

「『第一弾』と書いてやったのよ。『さあ、ラブレター、次もあるよ』って。死ぬまでつきまとってやると書いたかもー」

お腹をよじって友紀さんが笑う。この笑顔が雅人くんの心に、今やどっしりと宿っている。自分を励ます、あたたかなものとして。いつでも帰って行ける安全な場所を、すなわち実母からもらえなかった愛着という基盤を、雅人くんは友紀さんとの暮らしでちゃんと得ることができていた。

「ドラえもん」はしゅっと背が伸び、すっきり痩せてたくましい精悍《せいかん》な少年になっていた。

第三章の主人公、拓海くんが暮らす「ファミリーホーム『希望の家』」のエントランスはあの時のまま、タイムスリップしたような思いで中に入るや、部屋の様子は一変していた。リフォームしたばかりという。高橋朋子さんが事情を教えてくれた。

「アヤちゃんの部屋を奥に作ったの。もう、三年生だから。でも今も二段ベッドで私と一緒に寝ているし、四年生のサトシにも部屋を与えたけど、パパと一緒に寝てるの。二人とも一人じゃ、まだ寝れないのよ」

というわけでリビングの奥、窓際にあった晃くんと拓海くんのペットコーナーはなくなり、それぞれ自分の部屋で育てているという。

拓海くんのカメは、どれだけ成長しているのかなと一瞬、思う。カメは拓海くんの誇りだったから。

拓海くんは、中学三年生になっていた。自分の意思で進学した養護学校で、なんと生徒会副会長を務めていると聞き、思わず「えー」と叫びが漏れた。学校から問題児だと追い出されそうになっていた、あの拓海くんがだ。「そうでしょう！　信じられないよねー」と朋子さんが大声で笑う。

「先生から、『おまえは他の子を助ける側に立てる』と勧められたらしいの。でもたくみは、『会長は嫌だ、運動会で朝礼台に立たないといけん』と断って、別の子を推薦したの」

立候補を決めた拓海くんにとって、最大の問題は立会演説会。果たして人前で話せるか。教師にとっても一つの賭けだったという。拓海くんは壇上に立った。

「ポスターに全部、書きました。副会長に立候補した高橋です」

たったこれだけでも、大いなる前進だった。そして、朝礼台に立たずに済んだ運動会。

「たくみは、縁の下の力持ちをずっとやっていたの。ふらふらとどこかへ行ってしまう子を、教室まで連れ戻したり……。小学校の時は運動会が一番嫌な行事で、うちに来てからも運動会当日は、テントを一番下まで下ろして、そこに亀のように隠れて、『早く終わればいいー』って言っていた子が」

施設の子にとって親が学校に来て一緒にご飯を食べる運動会は、居場所そのものが学校になくなる行事に等しい。しかも「施設の子だ」と指を差され、拓海くんにとってはいい思い出などひとつもなかった。なのに、中学では運営を担う側になっていた。

今、進路を決める大事な時だ。そのまま養護学校の高等部には進めるが、教師も朋子さんもひとつ上の学校を考えている。

「特別高等支援学校というものがあって、ものすごい倍率なの。彼の養護学校からは誰も受かっていない。でもここは職業訓練がものすごく徹底していて、就職率は一〇〇％なの。だから間違いなく、正社員として社会に出られる」

朋子さんは拓海くんに聞いた。

「どうする？　無理に受けなくてもいいけど、今のあなたならチャレンジできると思うよ」

「わかった」

拓海くんは、きっぱりと答えた。

「ママ、連絡帳にそう書くわ」という朋子さんを拓海くんが遮る。

「書かなくていい。先生には自分で言うから」

拓海くんはここまで成長していた。高橋家に来た当初、「俺はバカだから、お仕事できないし、十八歳で死ぬしかない」と言っていた小学生。「大人になるって、つらいことだろ」と朋子さんの前で泣きじゃくった男の子が、十八歳以降の自分の人生を見据え、確実に正社員として就職できる高校にチャレンジする。自らの稼ぎで暮らし、「俺の人生も、なかなかだなぁ」って思える生活、それこそ朋子さんが叶《かな》えてあげたいと切望した未来に向かって、拓海くんは確実に進んでいた。

自分が尊重してもらえるという体験が、これほどまでに子どもに自信を与え、前向きに変えていくものなのかと思わずにはいられない。高橋家という居場所と家族を得て六年、拓海くんは自分を肯定して生きることができていた。もし、施設の方針のまま、高橋家に措置変更にならなかったなら……。容易に想像できるだけに、その未来が恐ろしい。スポイルされたままで、未来など描けるわけがない。

しかし今、児童養護施設出身の子どもたちは程度の差はあれ、そのような状況に置かれている。いろいろなものを奪われて、人生の夢すら描けないほどになっている子どもたちに、「十八歳の春」という残酷な壁が立ちはだかる。拓海くんの目覚しい成長を見れば、家庭で育つことの重要さを思わずにはいられない。

最近のことだが、拓海くんは教室でしつこく絡んでくる子を大声で威嚇した。教師はこの機会に賭けた。拓海くんが成長できる絶好の機会だと踏んだのだ。だから、あえて叱責した。

「おまえな、次の段階の高校に行くなら、それじゃダメだぞ」

今までなら「もう、いい」と投げ出していたのに、ちょっと怒った顔をして教室に戻った拓海くんは一時間後、教師のところにやってきた。

「先生の言う通りだと思います」

朋子さんは確信する。

「中学の選択は間違っていなかった。普通の中学に行っていたら居場所もないし、精神的成長もなかった。逆に、劣等感と疎外感でいっぱいになっていたと思う。学校で尊重してもらえるという体験ができたことは、本当に大きかった」

副会長として活躍した今年の運動会を、拓海くんの実母も見に来ていた。引き取ることも、一緒に住むこともできない実母だが、朋子さんが「たくみ、本当にがんばってますよ」と声をかけたら、うれしそうに笑ったという。ちらりちらりと実母を気にしていた拓海くんに、朋子さんはこんな提案をした。

「たくみ、最初のお給料で、お母さんに何か、買ってあげないと」

拓海くんにとって、こんな青天の霹靂《へきれき》はない。

「ママ、最初の給料はお母さんに何か、買うものなのかー?」

拓海くんは今、大いなる悩みに突入中だ。

私が高橋家にいる間、二階にある自室でほとんど過ごしていた拓海くん。リビングに下りて来ても、照れくさいのか目を合わせようとはしない。これぞ、健全なる中三男子そのものだ。そこへ行くと前よりふっくらした晃くんは、「ねえ、黒川さんでしょう?」と声をかけてくれた。中一男子はまだ、幼いということか。

とはいえ、「ねえ、ママ、ママ」と、拓海くんが朋子さんに甘えるのは以前とまったく変わらない。すっかり野太い声になったというのに。


「その後」の明日香ちゃんに会った人は、誰もいない。里親だった川本恭子さんも、姉妹のように過ごした恭子さんの実子、葉月ちゃんも。

伝わってくるのは、おおまかな「その後」だけ。恭子さんがこう話す。

「情短(情緒障害児短期治療施設)は、二年のプログラムなの。中一の秋から入って、中三の秋にプログラムが終了したところで家庭復帰は無理なので、高校進学を見据えて、どこかの里親さんのところに行ったらしい。私らと違う地域に住んでいる里親さんだから、どんな方なのか、さっぱりわからない」

第四章の主人公、明日香ちゃんは今、高校一年生。公立の被服専門学校に通っているらしいことも噂《うわさ》で聞いた。ならばこの三年間で腕に職をつければ、自立も可能かもしれないと恭子さんは安堵《あんど》している。

「今は安定した生活が送れていると思う。うちにいる時に、めちゃくちゃになったもんね。母親のことはもう、割り切っていると思うよ」

川本家で順調に成長していた明日香ちゃんの日々を断ち切った実母だが、今でも折々、恭子さんに明日香ちゃんの写真をメールで送ってくる。

「それがね、ＡＫＢっぽい、かわいい服着て、どうしたん？　というぐらいのアスカなの。ようやく、母の呪いが解けたんだね。女の子なんだから、かわいい洋服着たいよね。やっと自然になってきている。自分のしたい格好ができるようになったんだから。今のアスカに心配はない、安心していいと私は思っているの」

母親とは年に一、二回、面会という形で交流を続けている。そのたびに母親は、明日香ちゃんの写真を送ってくるのだ。

今年の夏の写真を、恭子さんに見せてもらった。すっきりと瘦せて、腰のあたりまで伸ばしたストレートの黒髪が大人びた雰囲気を醸し出す、切れ長の瞳の少女がそこにいた。小花柄のオールインワンのパンツをさらりと着こなす、イマドキの女子高生。かつて母から禁止されていた前髪も、ちゃんと作ってある。恭子さんが「ゴリラ」と、あまりにもひどい喩《たと》えをした面影など、色白でスラリとした肢体の少女のどこにもない。

今の明日香ちゃんは、母親とほどよい距離が取れているのだろう。赤ちゃんに戻って、実母に「愛してほしい」とすがったものの叶わなかった「喪失感」を、明日香ちゃんはなんとか埋めることができたのかもしれない。情短のプログラムはもちろん、医師や心理療法士、職員などの助けも大いに必要だったことだろう。その成果のもと年に一、二回会うという母娘関係が、明日香ちゃんの「安定」にはベストだと判断されたのだった。

明日香ちゃんが「喪失感」をどう埋めて行ったのか、実母と距離が取れるようになっていった道のりを、本人に直接聞きたいと強く思う。何より、明日香ちゃんはどんな表情を浮かべ、どんな声で話すのか、会ってみたい。しかしそれは、無理に追求するべきものではない。何より大事なのは明日香ちゃんの「今」であり、「未来」なのだ。今は、まだ見ぬ少女、明日香ちゃんをそっと見守りたい。いつか、会えるかもしれない日を信じて。

恭子さんは実母が時々、明日香ちゃんの様子を教えてくれることをありがたいと思っている。実母は自分のことを明日香ちゃんにとって必要だと、今でも気にかけてくれているからだ。「だから」と、恭子さんは遠くを見るように笑う。

「直接には何もできないけれど、親戚のおばさんのように、アスカのこと、応援してるよって。あの子たちにとって、応援してくれる大人は多ければ多いほどいいからね」

明日香ちゃんは今、川本家で過ごした日々をどのように思い返しているのだろう。恭子さんの「他人丼」や「うなぎの蒲焼丼《かばやきどん》」は今も、明日香ちゃんのどこかに残っているのだろうか。

恭子さんはそんな未練がましいことは一切思わない。心から望むのは、たったひとつ。後ろは振り返らなくていいんだから、自分の未来に向かって進みなさいよ。理不尽な思いや悔しさなんていうマイナスの感情にとらわれないで、アスカはアスカの道を歩いてほしい。「おばさん」が願うのは、それだけ。遠くからずっとずっと、応援しているから。

会った瞬間、女優の尾野真千子に似ていると毎回思う。滝川沙織さんとは私が彼女の街の近くまで仕事に行った時には必ず連絡を取り、年に数回、一緒に飲むのが通例となった。

この間、さまざまな不調の波に襲われながらも、沙織さんはネックである長女、夢ちゃんのために労を惜しまず動いてきた。よくここまでできるなと、こちらが脱帽したくなるほどの熱心さで。

小学校中学年になったこの四月から盲学校に替えたのは、大人数が苦手な夢ちゃんには教師とマンツーマンのシステムの方が合うだろうと考えたからだ。弟の海くんの視覚障害は沙織さんからの遺伝であるため、夢ちゃんにもその要素があり、盲学校に通う視力にまで落ちていた。

小学校入学以来、学校になじめない夢ちゃんのために普通クラスから情緒クラスへの転校、療育、カウンセリング等、沙織さんは夢ちゃんの生きにくさを何とかしようとできる限りのことをやってきた。

夢ちゃん自身も希望した盲学校。だが、スムーズに通えていたのは最初だけ。送っていく沙織さんの車に籠城して、登校を拒否するという状態がずっと続いている。

「八時半に送っていって、十時すぎまで車から出て来ない。私は、先生に任せて遠くにいるの。殴り始めたらいけないから。これでも、だいぶ、根気よくなったんですよ」

そう言いつつも、でも最近、やっちゃったと沙織さん。

「プチンと切れて、ドアを蹴りまくって、先生の前で『おまえ、ぶっ殺すぞ。降りろ、早く！』って。ゆめちゃん、学校中に響き渡るほどきいーってサイレンみたいに叫んで。無理やり降ろして、私、蹴ってぼこぼこになったドアを開けたまま、車をバアーッと発進させて帰ってきた」

ここから、お決まりの思考状態になる。

「その日一日、気分が悪い。『おまえのせいで、気分が悪くなる』から、『おまえみたいなのがいるから、気分悪い』に変わって、『おまえみたいなのが生きているから、気分が悪い』に、最終的にはそこに行く」

それでも以前ほど、夢ちゃんに手をあげることはない。

「子どもを殴らないように、壁、殴ってます。手が折れるかと思うほど。だいぶ、我慢してます」

願うのは、夢ちゃんに対して「嫌い」という感情をなくしたいということ。好きにならなくてもいいから、と。四歳下の長男、海くんのことは素直に愛おしい。成長の喜びを与えてくれる子だから。

「かいくん、幼稚園から帰ってくると、習った歌を歌うんです。かわいいって思う。発表会とか見に行くと、成長したなあってぐっとくる。その記憶が大事だと思うんです。カッと来た時に、その記憶で止められる。ゆめちゃんは、幼稚園に行かなかった」

海くんに湧き上がるかわいいという感情を、夢ちゃんには持ったためしがない。それほど育てにくい子であるのは確かだった。

最近、カウンセラーに指摘された。

「お母さんがちゃんとした養育者がいないところで育って、夢ちゃんも特徴のある子。お母さんの生い立ちと発達障害を持つ子の育てにくさが掛け合わさって、一番難しい親子関係になることが多い」

夢ちゃんの情緒の発達に、自分がマイナスの影響を与えているのではと心配になり、相談した答えだった。

子育てをしていく中、判断不能になる場面に沙織さんは多々出くわすという。

「たとえば、給食のランチョンマット。これ、毎日替えるのかどうかがわからない。気づかないからそのままにしていたら、学校から『毎日、替えてください』と注意されて、ネグレクトを疑われる。そんなん、私、一回だって洗ってもらったことがないからわからない」

ランチョンマットや体育着ならまだいい。夢ちゃんが籠城にあたり、自ら条件を出したことがあった。

「三時間目が終わるまで、ママと一緒に外にいる。その後なら、学校へ行ってもいい」

果たしてこの条件を呑むべきかが、沙織さんにはわからない。

「そんなの私は嫌だから断っていいのか、断るとゆめちゃんの情緒の発育に影響が出るのか、そこが判断できないんです。だからカウンセリングの先生とか主治医とか、学校の先生とかにいちいち聞かないとわからない」

自分の生い立ちによる二次障害の結果、夢ちゃんが情緒不安定になっているのだろうかと思い悩む。

「私からの連鎖によるものなら、ゆめちゃんをどうフォローしていくか。それを誰に頼むのか」

だから、盲学校の教師に自分の生い立ちを打ち明けた。やっと巡り合えた信頼できる教師だった。

「私は六人も養育者が変わって、まともな大人に当たったことがないんです」

そして、こうお願いをした。

「私のせいで、ゆめちゃん、いろいろ学んでいないことが多いと思うので、変わったお母さんだと思われないように、これでも努力しているんですけど。私が人と違ってモラルに欠けるところとか、非常識なところを見かけたら教えてください。『お母さんが変わっているから、ゆめちゃんとは遊ばない』と言われるの、すごく嫌ですし」

沙織さんは夢ちゃんと一緒に、自分も成長しようと努力している。曰《いわ》く、「変わったお母さんだからで済まされると、ゆめちゃんも迷惑だから」。

育ててもらったことのない自分が母となり、こうやって手探りの育児に翻弄されるだけでなく、沙織さん自身、爆弾を抱えて生きている。つい最近、夢の中で封印していた光景が蘇った。

沙織さんはいつも追われる夢を見る。最終的に墓地に辿り着き、背後にある血の川を渡らないと逃げられないというものだ。その川には、死体が流れている。

「その日は朝、起きて、吐き気がして……。記憶から飛んでいたのですが、夢が教えてくれました。私、お墓でレイプされたんです。今まで風の音とかススキの茶色しか記憶になかったんですけど、場所が鮮明に……。お墓の裏だったんです。絶対に、誰も来ない場所。怖かった。わんわん泣いて、カウンセラーの先生に電話をしました」

小学六年生の夏休み、卑劣な男が幼い少女に行使した犯罪行為は、ここまで深く残酷に心を抉《えぐ》った。今でもあっという間に血が吹き出してくるほどのどろどろの傷を身体に抱えて、その日から沙織さんは生きてきた。人としての根幹を、無残に引きちぎられたままで。

沙織さんがポツリと言う。

「生と死が隣り合わせで、チャンスがあったら死のうというのがずっと頭にあって……。普通の人にはわからないですよね。小さいころ、寝る前にいつも『このまま目が覚めませんように』って願ってました」

「普通の人」――そこにはもちろん、私も含まれる。ユーモアたっぷりに笑い、おどけ、豪快に杯を傾ける沙織さんの横に、今も「死」がいるのだという厳然たる事実に、私は立ちすくむ。いくら一緒に酒を酌み交わし笑いあっても、「一緒」ではないのだ。何の条件もなく生きることが当たり前の私と違い、沙織さんはいつでも「生」を捨ててもいい場所で生き続けている。

だからこそ、沙織さん、あなたは立派だと私は思う。

めっちゃ嫌い、大嫌い、かわいいと思ったことがない、甘えてくると「わっ、きもっ！」としか思えない……。夢ちゃんに対して散々な感情を抱きながらも、沙織さんは母親として、夢ちゃんのために行動している。そんな働きかけは沙織さん自身、実母や継母、育ての母から一切、もらえなかったものだ。夢ちゃんへの虐待が今後の育ちにどう影響するかはわからないが、それでも沙織さんは実母や継母と違った「母親」として、歯を食いしばって生きている。それは、称賛に値するものだと思う。夢ちゃんのためにと、教師に生い立ちを打ち明けた勇気も。

とはいえ、夢ちゃんに対する堂々巡りは変わらない。カチンときて、ダラダラと余計なことを言ってしまう。決まり文句がこれだ。

「おまえなんか、産むんじゃなかった」

夢ちゃんももはや、やられる一方ではない。きちんと母に反抗する。

「あいつ、口が達者になってきたから、余計に腹立つ。人を怒らせるツボをわかってるんです」

それは、「夢ちゃんが沙織さんから学んだのかも」と指摘すると、「あー、そうかも」と笑う。

「私、口で人を泣かします。人の痛いところをちゃんと見つけて。これ、自分の才能だと思う。ほんと、ゆめちゃんも一緒だわ。自分の中に天使と悪魔がいて、支援センターの人には天使のような対応をしてきたんですけど……」

たとえば、「自殺なんか、考えないでくださいね」と言われた場合、「天使」はこう答える。

「はい、大丈夫ですよ。ありがとうございます」

「悪魔」はこうだ。

「こっちサイドの人間のことは、おたくらにはわかるはずがないですよ」

この一言で、年配の女性支援員は泣いて帰ったという。「悪魔」に変わったきっかけは、こんな言葉だった。

「夢ちゃんもいつか、お母さんの気持ちがわかって感謝してくれますよ」

沙織さんの中の「悪魔」はきっぱりと見抜く。

「わかってるわ、あんたが欲しい言葉は。所詮、ニセモノ、上辺だけの付き合い」

日々、ぐらんぐらんと揺れ動きながらも今、沙織さんははっきりと思う。

「(前のように)ゆめちゃんを、どつき回したくはない。だから、壁を殴る。ゆめちゃんにかーっときても、前よりは我慢できるようになったから」

振り上げそうになってしまう手を、沙織さんは必死に抑え込む。子どもに対して、「悪魔」が発動しないように。だからこそ、何度でも言いたい。沙織さん、あなたはもがきながらも、母親として何をすべきか考え、きちんと行動している。虐待の連鎖を止めたいからこそ、自分だけでなく、夢ちゃんにもカウンセリングを受けさせている。

　子育てのロールモデルが何もないまま母になるということは、不安だらけの未知なる世界へ足を踏み入れることにほかならない。

　たとえば私の記憶のなかには、季節ごとの食事があり、不安で眠れない時に潜り込んだ、親の布団のあたたかさもある。喉が痛い時、熱が出た時、どんな手当をしてもらったかを思い出しては、子どもの看病をしてきた。夢ちゃんが熱を出した時、沙織さんは家にあった夫に処方された大人用の座薬を入れ、低体温になってしまいあやうく死なすところだったという。熱が出ても、何も「されてこなかった」からだった。しかも夢ちゃんの成長に寄り添うことは、「されてこなかった」自分の傷を抉ることでもある。

　確かに夢ちゃんへの虐待がまったくなくなったとは言えないけれど、実母や継母とは異なる勇気ある人生を、沙織さんが選び取っていることは間違いない。

　たまに会うだけの私は何の力にもなれないが、沙織さんの周囲に、この母子を支える人やシステムが厚くなることを心より願わずにいられない。

「虐待って、一生苦しむ子どもを作るんだよね」

　美由ちゃんの里親、横山久美さんの言葉だ。

「いくら環境が整って安心できても、虐待で受けたダメージはゼロにはならない。知的な遅れを取り戻せない子もいるし、集中力がなかったり、多動や人の感情がわからないなど、発達障害のような傾向がどうしても残ってしまう」

これが被虐待児に寄り添い、日々、共に生きている人の紛れもない実感だ。その言葉が意味することの重さを、改めて思わずにはいられない。沙織さんののたうち回るような日々が、ふっと浮かぶ。

虐待はそれほどまでに、激しく子どもを損なうものなのだ。美由ちゃんも雅人くんも、家庭という安心できる環境とハグしてくれるあたたかな存在を得てもなお、生まれ落ちた時から受けた目を覆いたくなるほどの虐待の痕跡は、まだその身体に刻印されたままだ。拓海くんは先天的な知的障害ではないけれど、知的障害者として自立していく道を歩まざるを得ない。彼が育った施設で行われたこともまた、子どもを損なう虐待だった。

彼・彼女たちの人生は最初の数年間のせいで、これからもきっと困難を伴うものだろう。そうであっても家庭という居場所を得て、そこに根っこを張って、愛してくれるパパとママ、同じ痛みを持つきょうだいを得て、どの子も、その子それぞれのペースで確実に成長していた。

子どもは、一人一人大事な光だと思う。だからこそ、キラキラと輝くよう、曇らないよう、美しい光を放つように、大人がちゃんと抱きしめ、見守らなければいけない。その子が持つすべてを愛し、尊重することが、子どもが育つ上においてどれほど重要なのかを、被虐待児の「その後」が示している。

踏みにじられ、虐げられてきた子たちだからこそ、私たち大人は、社会全体で彼・彼女たちを抱っこしたい。社会的養護の場で育つ子どもたちの問題は、特殊かつ特別な領域のものでは決してない。そこに押し込めることは、彼らを「いない」ものにすることだ。そんな社会であってはならないと、再会できた子どもたち一人一人の笑顔に改めて強く思う。

美しいけれど、もろく壊れやすい光だからこそ、愛してくれる人とひとつ屋根の下で、すなわち「家庭」で育つことがいかに大事なのかを再び、目《ま》の当たりにした今夏の旅。ここに希望が紛れもなくあることを、確信をもって断言する。

これからも一人一人の成長を、「親戚のおばさん」のように見守っていきたい。沙織さんとは沙織さんさえ嫌でなければ、「友」あるいは「年の離れた姉」として一生、付き合っていければ本望だ。

二〇一五年九月

黒川祥子

参考文献

杉山登志郎『子ども虐待という第四の発達障害』(学習研究社、二〇〇七年)
杉山登志郎『発達障害の子どもたち』(講談社現代新書、二〇〇七年)
杉山登志郎『発達障害のいま』(講談社現代新書、二〇一一年)
坂井聖二『子どもを病人にしたてる親たち　代理によるミュンヒハウゼン症候群』(明石書店、二〇〇三年)
ヘネシー・澄子『子を愛せない母　母を拒否する子　今増えている愛着障がいが教える母と子の絆の大切さ』(学習研究社、二〇〇四年)
西澤哲『子どもの虐待　子どもと家族への治療的アプローチ』(誠信書房、一九九四年)
西澤哲『子ども虐待』(講談社現代新書、二〇一〇年)
増沢高『虐待を受けた子どもの回復と育ちを支える援助』(福村出版、二〇〇九年)
南部さおり『代理ミュンヒハウゼン症候群』(アスキー新書、二〇一〇年)
南部さおり『児童虐待　親子という絆、親子という鎖』(教育出版、二〇一一年)
毎日新聞児童虐待取材班『殺さないで　児童虐待という犯罪』(中央法規出版、二〇〇二年)
朝日新聞大阪本社編集局『ルポ　児童虐待』(朝日新書、二〇〇八年)
犬塚峰子、田村毅、広岡智子『児童虐待　父・母・子へのケアマニュアル〜東京方式』(弘文堂、二〇〇九年)

宮田雄吾『「生存者《サバイバー》」と呼ばれる子どもたち　児童虐待を生き抜いて』（角川書店、二〇一〇年）
小田兼三、石井勲編『養護原理　現代の保育学5』（ミネルヴァ書房、一九八二年）
堀場純矢編著『子どもの社会的養護内容　子ども・職員集団づくりの理論と実践』（福村出版、二〇一三年）
木下茂幸著、前田信一監修『児童養護とは何か　木下茂幸の養育論』（明石書店、二〇〇七年）
ささやななえ画、椎名篤子原作『凍りついた瞳《め》』（集英社YOU漫画文庫、一九九五年）
ささやななえ画、椎名篤子原作『続　凍りついた瞳《め》　被虐待児からの手紙』（集英社YOU漫画文庫、一九九九年）
ささやななえ画、椎名篤子原作『新　凍りついた瞳《め》』（集英社愛蔵版コミックス、二〇〇三年）
佐藤万作子『虐待の家　義母は十五歳を餓死寸前まで追いつめた』（中央公論新社、二〇〇七年）
杉山春『ネグレクト　育児放棄　真奈ちゃんはなぜ死んだか』（小学館文庫、二〇〇七年）
スーザン・フォワード著、玉置悟訳『毒になる親　一生苦しむ子供』（講談社＋α文庫、二〇〇一年）
ジュリー・グレゴリー著、細田利江子、寺尾まち子訳『Sickened　母に病気にされ続けたジュリー』（竹書房文庫、二〇〇四年）
大久保真紀『児童養護施設の子どもたち』（高文研、二〇一一年）
NPO法人「日向ぼっこ」編著『「日向ぼっこ」と社会的養護　施設で育った子どもたちの居場所』（明石書店、二〇〇九年）
渡井さゆり『大丈夫。がんばっているんだから』（徳間書店、二〇一〇年）
小林美佳『性犯罪被害にあうということ』（朝日新聞出版、二〇〇八年）

坂本洋子『ぶどうの木　10人の〝わが子〟とすごした、里親18年の記録』（幻冬舎文庫、二〇〇三年）
坂本洋子『丘の上の家』（幻冬舎、二〇〇四年）
坂本洋子編、東京養育家庭の会みどり支部監修『わたしたち里親家族！　あなたに会えてよかった』（明石書店、二〇〇八年）
石亀泰郎写真・文『かあさんのにおい　ある乳児院の光と陰の物語』（廣済堂出版、一九九七年）

解説——「遅れてやって来る人」

是枝裕和

読後感があまりに良いので「解説」に何を書いても蛇足にしかならないなぁというのが正直なところなのだけれど、そのことは覚悟した上でこの作品の素晴らしさについて自分なりに少し語ってみたいと思う。

今僕は「作品」という言葉をあえて使ったが、それはこの『誕生日を知らない女の子　虐待——その後の子どもたち』を、僕たちが普段読み知っているノンフィクションというジャンルの範疇《はんちゅう》でくくってしまって果たして良いのかどうかという疑問があったからである。

もちろん、大変優れたルポルタージュであることは間違いない。この本によって、その幼少時を肉親の愛を受けながら過ごすことの出来なかった「こども」が置かれている厳しい状況と、その後について多くを知ることが出来たからだ。しかし「ノンフィクション」と呼んでしまうと、この作品の魅力の大半とは言わないまでも、大切な一部が手のひらからこぼれ落ちてしまうのではないかという危惧があるのもまた疑いようのない事実である。

その原因はどこから来ているのかを考えてみることからこの「解説」を書き始めてみたいと思う。

僕が本書を読み終えた時に感じたのは上質なエッセイを読んだ時のような清々《すがすが》しい気持ちだった。

もちろん、ここで取り上げられているこどもたちの事例のひとつひとつは、大変な「重荷」を本人の望みとは関係なく背負わされたり、逆に自ら望んだ関係を断ち切られたりといった過酷なものであるから、「清々しい」という表現は不謹慎かもしれない。

しかし、その「清々しさ」は、描かれている状況を超えて、読者である僕に伝わって来た。それは恐らく黒川さんの文体や筆致の軽やかさ、さらには人間を見る目の確かさによるところが大きいのだろう。

彼女の筆はノンフィクションライターというプロの書き手が取材者としてその場に立ち会ったというのではなく、強いて言えば、ひとりの母親が近所の友人の家へ遊びに行った時に感じた発見から決して離れないそれである。

あらかじめ何かを知った人間のものではなく、初めてのこどもを前にして驚き、戸惑い、それでもそのこどもたちや彼らの支えになろうとする大人たちと同じ空間と時間を共有したいと願うひとりの人間の有り様がその行間から浮かび上がってくる。そんな「文体」なのである。そこに「どうだ上手《うま》い表現だろう」などといった技巧をひけらかすような美文は全く存在しない。

そして恐らく、彼女を受け入れ、彼女と共に食卓を囲んだこどもたちの側にも、彼女を「外部」だと認識し、取材者として接するといった態度はなかったのではないかと想像出来るのだ。

ルポに先立つ「はじめに」という文章を、黒川さんはこうしめくくっている。

「虐待を受けた子どもたちが今、生きている場所を訪ねて行こう。生き延びた子どもたちの『その後』に出会う、手探りの旅を今から始めてみたい」

この一文からも分かる通り、本書は未知なる風景を前にして、その美しさや過酷さに圧倒されながらも、旅をやめようとしないひとりの人間の「紀行文」なのだ。

「私たちの知らない子どもたちが確かにここにいる。そして、そんな子どもたちを生んだ責任は私たちの側にある」

そんな彼女の覚悟こそが、僕が感じた「清々しさ」の源泉なのかもしれない。

この『誕生日を知らない女の子』で取り上げられるのは四人のこどもたちと、一人のかつてこどもだった大人の計五人である。

個人的には「ファミリーホーム」という場所で、血縁関係のない親と子がどのような共同生活を営んでいるかについて知ることが出来たことが何よりの収穫であった。

ここに描かれた「ファミリーホーム」という開かれた場所の持つ可能性は、僕自身の描く「家族」というものを今後少なからず変えていくだろうと思う。

そして、五つのどの事例についても共通しているのは、「はじめに」の中でも触れられていた「その後」というキーワードであろうかと思う。

通常ノンフィクションでも小説でも映像表現においても同様だと思うが、最も衝撃的な出来事が起きている瞬間をとらえたものこそが、「強い」作品だと一般的には思われているのではないか。「決定的瞬間」というやつである。テレビのノンフィクションジャンルの中に「衝撃映像」と呼ばれる視聴者からの投稿映像などで構成される番組やコーナーが増え出して久しいが、あの類の映像。「今、ここ」で起きていることの中継は確かにショッキングであるし、強い。老人福祉施設や病院等閉鎖的な空間の中で偶然、または隠し撮りによって撮られたり、潜入取材によって描写された虐待の「瞬間」によってその実態が解明されたり加害者が逮捕されたりといった目に見える効果も確かにあるだろう。

しかし、黒川さんが立ち会っている現場はこれとは全く違う。そのような嵐の中で風になぎ倒されながら行われるルポではなく、ひとまずは嵐が過ぎ去って波もおさまった海辺で、打ち寄せられた灌木《かんぼく》を一つ一つ拾いながら歩く、そんな旅なのだ。

その「現在」に刻まれた「過去」から、どれくらい嵐の激しさを想像するか？　という「あと追い」の行為である。何が過ぎ去り何は過去になり得ていないのか？　それを腑分《ふわ》けしていく眼。この眼がこの上なく鋭く柔らかだ。

実は、僕も黒川さんと同様「その後」ばかりを描いて来た作り手である。夫を自殺で失って後に残されたひとりの女性の喪の作業（グリーフワーク）を描いた宮本輝さん原作の『幻の光』に始まり、人々が死んだ後の「七日間」を描いた『ワンダフルライフ』（英語タイトルは「アフターライフ」である）、親に置き去りにされた四人の兄妹たちを描いた『誰も知らない』、最新作の『海街diary』（原作・吉田秋生）も親に捨てられた三姉妹が父を失って、あとにひとり残され居場所を失った腹違いの末の妹を引きとって一緒に暮らす話であった。

「その後の生」になぜこれほどこだわるのか？　という問いを良く受けるのだが正直自分ではうまく説明出来ないでいる。

僕と黒川さんのそんな共通性を認識した上で黒川さん自身や担当編集の田島さんが僕

に「解説」を依頼したのかどうか定かではないのだが、僕自身はその「共通点」に読み始めてすぐに気付いた。

「自分に似ているから誉《ほ》めている」などと勘違いしないでいただきたい。おそらく黒川さんは描写の衝撃性だけに筆を向けたもの（もちろんそれらの表現が不必要だなどと言うつもりは全く無いが）が世間にあふれ、誰もが自分の文章をその巧拙はともかくとして表現出来る時代に、その行為を業《なりわい》にしている人間はどのようなスタンスで人と向き合うべきなのか？　悩んだに違いない。そして先を競って現場に駆けつけるのではなく遅れて参加するという態度も、またひとつのあり方、態度の表明なのではないかと、思い至ったのではないだろうか。

そのような、肩に力の入った自らの作風や視座への解釈など、黒川さんは必要としていないかも知れない。この作品に描かれているように、こどもたちといっしょにハンバーグに舌鼓を打ちながら母親がこどもから今日学校で何があったかを聞くように、彼らにかつてどのような「虐待の体験」があるのかに耳を傾けていく。「北風と太陽」の昔話に例えるならまさに「太陽」で、気が付くと相手は自らコートを脱いでいる。そこに気負いなど全く感じられないからだ。後に残されてそこに立ちすくむ人は、遅れてやって来る人にこそ心を開いてくれる。そんなシンプルな真実に気が付いたら辿り着いてしまった。両者はこの本の中で出会うべくして出会ったのだ。このような取材は狙って可能になるものではあるまい。その意味でもこの『誕生日を知らない女の子』は稀有《けう》な、そしてノンフィクションの新たな可能性を柔らかに提示する作品であると思う。

（これえだ・ひろかず　映画監督）

第十一回開高健ノンフィクション賞受賞作
本書は、二〇一三年十一月、集英社より刊行されました。

文庫化に際して、「文庫化によせて――根っこが張れる場所を得て～三年の時を経て、今～」を加筆いたしました。

開高健ノンフィクション賞受賞作

空白の五マイル

チベット、世界最大のツアンポー峡谷に挑む

角幡唯介

チベットの奥地、ツアンポー川流域に「空白の五マイル」と呼ばれる秘境があった。人跡未踏の峡谷に単独で挑んだ著者が目にしたものは⁉第八回開高健ノンフィクション賞受賞作。

集英社文庫

開高健ノンフィクション賞受賞作

日本を捨てた男たち

フィリピンに生きる「困窮邦人」

水谷竹秀

女を追いかけてフィリピンに渡り、無一文になった五人の「困窮邦人」。そのすさまじい生き様を通して、図らずも見えてくる現代日本の姿とは。第九回開高健ノンフィクション賞受賞作。

集英社文庫

開高健ノンフィクション賞受賞作

エンジェルフライト
国際霊柩送還士

佐々涼子

国境を越えて遺体や遺骨を故国へ送り届ける「国際霊柩送還」という仕事に迫り、死とは何か、愛する人を亡くすとはどういうことかを描く。第十回開高健ノンフィクション賞受賞作。

集英社文庫

集英社文庫

誕生日《たんじょうび》を知《し》らない女《おんな》の子《こ》 虐待《ぎゃくたい》――その後《ご》の子《こ》どもたち

2015年11月25日　第1刷　　定価はカバーに表示してあります。
2019年8月14日　第2刷

著　者　黒川祥子《くろかわしょうこ》
発行者　徳永　真
発行所　株式会社　集英社
東京都千代田区一ツ橋2-5-10　〒101-8050
電話　【編集部】03-3230-6095
【読者係】03-3230-6080
【販売部】03-3230-6393（書店専用）

印　刷　図書印刷株式会社
製　本　図書印刷株式会社

フォーマットデザイン　アリヤマデザインストア　　マークデザイン　居山浩二

ISBN978-4-08-745382-9 C0195